VESTÍGIOS
HISTÓRIAS DE VIDA E DE MORTE

PERÍCIA CRIMINAL

ANDERSON MORALES

VESTÍGIOS 2

HISTÓRIAS DE VIDA E DE MORTE

1ª edição / Porto Alegre-RS / 2022

"Um escritor deve escrever para a alegria de seu leitor. Deve sentir alegria em escrever. Não sei se o que escrevo causa alegria a alguém, porém me alegro muito escrevendo. Talvez seja o bastante para me justificar. O livro é um instrumento de cultura. É um instrumento que até agora não foi superado. Outras vezes tive ocasião de dizer que o arado, a espada são extensões da mão; o microscópio, dos olhos; mas um livro é algo mais; é uma extensão da memória, do entendimento."
Jorge Luis Borges

"Dessa forma, minha razão, perturbada, no seu equilíbrio por coisas simplesmente triviais, assemelhava-se àquele penhasco marítimo de que fala Ptolomeu Hefestião, o qual resistia inabalável a questão da violência humana e ao furioso ataque das águas e ventos, mas tremia ao simples toque da flor chamada asfódelo."
Edgar Allan Poe em *Berenice*

SUMÁRIO

Prefácio 7

O assassino de taxistas 13

A primeira viagem 29

Tavares 36

O susto 41

Perícia criminal não é só sangue 46

O sótão 49

Furto 55

A realidade 61

Chocante 65

Comida 68

Café 72

15 Minutos de fama 76

Pequenos detalhes 78

Sozinhos 84

Pela hora da morte 87

Daf em veículo 93

Velório 96

Top gear 99

Peso 103

A magia do local 106

Animais 111

Luminol 118

Saidinha 122

Cobrir ou não cobrir, eis a questão 129

A vida de perito e a vida pessoal 132

Sono 138

Um exame importante 141

Uma combinação de odores 144

Enterrados 147

Todo contato deixa uma marca 151

Redes sociais 154

Bibliografia 165

PREFÁCIO

Quando escrevi o primeiro livro, mal precisei consultar os casos que eu havia atendido, pois já tinha uma ideia de quais mereciam o destaque de constar na minha primeira incursão na literatura. Para este segundo livro, recorri ao meu arquivo e percebi que muitas histórias interessantes ainda podiam ser contadas, ainda que eu precisasse de um auxílio para recordá-las.

Assim, tive a oportunidade de reviver diversos momentos da minha carreira dentro da perícia criminal e todos os fatos pessoais envolvidos. Também serviu para eu repensar algumas atitudes e escolhas que fiz durante minha carreira. Tudo isso apenas fortaleceu aquilo que eu já sabia: amo meu trabalho.

Para a maioria das pessoas, essa confissão de amor pode parecer estranha e mórbida. Por isso, sempre explico. Eu não amo cadáveres ou a morte, não sinto prazer pela tragédia que envolve a perícia criminal, não sou daquelas pessoas que procura por vídeos de tragédias na internet ou que alugava o VHS do filme *Faces da Morte*[1] quando adolescente. Confesso que às vezes procuro por vídeos semelhantes, mas com interesse puramente técnico: para saber que a posição da arma de fogo sempre tem um comportamento aleatório quando cai após ter sido efetuado um tiro em caso de suicídio, por exemplo – ela pode cair perto, longe ou até ficar presa na mão da vítima. Gosto muito da parte técnica, da possibilidade de utilizar habilidades dedutivas e indutivas e de saber que estou contribuindo para que se faça justiça e se descubra a verdade. A parte deste trabalho destinada à contribuição para sociedade é a que mais me gratifica.

O trabalho do perito criminal é permeado de consequências e dificuldades que não são mostradas nas séries, filmes e redes sociais. Precisamos lidar com tragédias, perdas de vidas, violência, sangue e outras matérias orgânicas. Tudo isso às custas de nossa própria sanidade mental. Aquela velha máxima é verdadeira: não é para qualquer um.

Antes de mais nada, quem trabalha com isso tem que ter vocação. As pessoas que almejam o cargo de qualquer área da segurança pública visando o salário, o distintivo ou o porte de arma escolheram os motivos errados. Estas justificativas não são suficientes para manter a sanidade ao ter de lidar com tanta tragédia. É a melhor forma de se tornar um péssimo profissional, que acaba tirando a vaga de outra pessoa que poderia ter sido chamada e ficou de

---

[1] Série de filmes lançados nos anos 1970 e 1980 que prometia trazer imagens reais de tortura e morte. Embora algumas cenas fossem reais, retiradas de cinegrafistas amadores que ocasionalmente filmavam algum acidente por obra do destino, a maioria era realizada com efeitos especiais.

fora, lembrando que o acesso a este emprego se dá através de concurso público. A consequência desta insensatez para a sociedade é imensurável.

Cada pessoa lida com as tragédias do trabalho pericial de seu próprio jeito, mas é extremamente importante ter uma válvula de escape. O problema é que, às vezes, não sobra tempo para espairecer. Após cada plantão, é necessário revisitar todo o local, seja mentalmente ou através das fotografias registradas e anotações para se confeccionar o laudo pericial, que vai formalizar o exame realizado. A confecção do laudo não raro toma mais tempo que o exame do local em si. Requer muita atenção e pesquisa para saber descrever tudo aquilo que foi examinado de forma a ser compreendido por todos que o utilizarão posteriormente: delegados de polícia, promotores, juízes, advogados e até pessoas leigas quando desempenham o papel de jurado em casos de crime contra a vida. É necessário formular hipóteses, apresentar embasamento científico para confirmá-las ou refutá-las, para então determinar a possível dinâmica do fato. Esta história contada pelo perito baseada nos vestígios encontrados no local será importante para confrontar com depoimento de testemunhas e suspeitos. Sempre digo que um local de crime é um quebra-cabeças que o perito precisa montar. O problema é que, além de ele não saber a cena que está representada no quebra-cabeças, no meio destas peças, ainda há outras que pertecem a outras cenas que não lhe interessam. Saber diferenciar os vestígios verdadeiros dos vestígios ilusórios[2] é uma das tarefas mais difíceis e

---

[2] Vestígio ilusório é aquele que está no local do crime, mas não tem relação com o fato. Não é produto do ato que gerou o crime. Em muitos casos, este vestígio já se encontrava no local antes da ocorrência do crime. O vestígio verdadeiro é aquele

importantes no exame do local de crime, pois é em cima deles que serão feitas análises e conjecturas que terão influência no andamento da investigação.

A responsabilidade dos peritos é enorme e muitas vezes há pouco reconhecimento tanto do governo como do público. Mas este é apenas mais um dos obstáculos que indicam que, além de vocação, o perito precisa ter resiliência. Não é fácil trabalhar em um órgão que prima pela verdade. Lidar com a morte de forma cotidiana não nos torna imunes ao medo de morrer. Pelo contrário, constatamos como o corpo humano é frágil e que não é preciso muito para sofrer danos irreversíveis. A exposição a tantas situações trágicas também nos deixa mais alertas e preocupados com nossa segurança e a de nossos entes próximos. Cada vez que passo por um ponto da cidade em que examinei um homicídio, fico imaginando que a vítima poderia estar fazendo as mesmas coisas que eu naquele momento, antes de perder a vida. Penso se o mesmo não acontecerá comigo, ainda mais quando se trata de locais com grande incidência de latrocínios.

Nosso trabalho nos permite conhecer as piores áreas das cidades, as zonas mais violentas – existem bairros e cidades que eu só visitei a trabalho. E também nos apresenta o pior do ser humano. Mesmo que o histórico da humanidade seja recheado de situações cruéis (guerras, inquisições, escravidão, assassinatos em série) é diferente quando temos que lidar com isso diretamente. Não é a mesma coisa ler detalhadamente sobre *serial killers* e ter que lidar com uma

---

que foi causado pelo ato do crime e, quando analisado, pode auxiliar na definição da dinâmica do fato delituoso e/ou identificação do autor. O vestígio forjado é aquele que foi alterado propositadamente para prejudicar o exame do local.

vítima de homicídio na realidade. No papel, trata-se apenas de um nome escrito em tinta. Na vida real, é um ser que, pouco tempo antes de eu o encontrar, tinha compromissos, planos, sonhos e um papel na sociedade, seja ele bom ou ruim. Uma peça da humanidade é subtraída e não existe substituição. Será uma perda eterna.

Raramente são abordadas as condições psicológicas dos servidores que precisam lidar com tragédias no seu trabalho. No concurso público, o exame psicotécnico é realizado para saber se o candidato está apto para cumprir suas funções. Posteriormente, nunca mais é feito um exame obrigatório para saber se ele continua apto. Se fizessem, muitos seriam reprovados.

Creio que todo aspirante a algum cargo na perícia criminal deveria ler tanto este livro como o *Vestígios – volume 1*, pois neles eu apresento a realidade sem o filtro das redes sociais e sem o glamour dos seriados televisivos, em que as características primárias da vida autêntica – tragédia, comédia, paixão etc – se apresentam misturadas.

O ASSASSINO DE TAXISTAS

Era uma sexta-feira de plantão como qualquer outra. Ele começa às 8h, mas tenho por hábito de sempre chegar em torno das 7h30, por diversos motivos: respeito com os colegas que estão saindo do plantão depois de 24h de trabalho, tentar pegar a melhor cama, geralmente aquela em que o colega de quarto não tenha o ronco muito alto ou o chulé muito fedorento, escolher o computador que não trava etc. As pessoas me perguntam por que temos cama no plantão e acho que a resposta é um pouco óbvia. Nosso turno é de 24h, mas nem por isso precisamos ficar todo esse tempo trabalhando. É natural que, em algum momento, o cansaço seja mais forte e o sono se faça necessário. Porém, não controlamos isso. Trabalhar com perícia de local de morte é entrar no Departamento sem saber se ficaremos a próxima noite sem dormir porque tivemos que examinar um local de duplo homicídio com dezenas de elementos de munição na via pública, em um bairro violento da cidade, ou ficaremos na frente do computador fazendo laudos.

Todos que dependem do nosso trabalho querem um perito em plenas condições físicas durante os exames. Ninguém quer um profissional desatento durante o exame de um local de latrocínio porque estava com sono. É aconselhável que, sempre que possível, os peritos reservem um tempo do plantão para descanso.

À tarde fui acionado para examinar um local onde um doce de abóbora teve um papel intrigante no caso, que contarei em outro capítulo, mais adiante. Na madrugada, ocorreu um homicídio em via pública com poucos elementos a serem analisados, mas pude perceber claramente que a posição do cadáver havia sido alterada após a morte, provavelmente por transeuntes curiosos ou policiais despreparados. Mas entre estes dois crimes, ocorreu um caso que viria a ganhar manchetes nacionais e internacionais.

Alguns crimes ocorrem e desde o início já se sabe que serão casos de grande repercussão. Como a perícia criminal é a última a chegar no local, não raro já temos informações sobre diversos desdobramentos e suspeitas do caso. Por outro lado, muitos outros começam silenciosos e ganham bastante atenção. Foi o que aconteceu naquela noite.

Fomos acionados para examinar um local de suposto homicídio. Claro que o ideal seria que todos os casos entrassem como "encontro de cadáver com suspeita de violência". Essa breve tipificação feita pelos primeiros agentes da segurança pública que chegam no lugar, sem condições de ter acesso a todos os vestígios pertinentes, pode acabar induzindo o perito a procurá-los de maneira que justifiquem aquela suspeita inicial. Sabendo que não é possível mudar a forma com que somos acionados, sempre levo em consideração que devo analisar todos os vestígios e, a partir dali, contar a história. Mas nesse crime, a suspeita inicial se confirmou posteriormente. Chegamos no local, uma rua tranquila de paralelepípedos na zona norte da cidade. O cadáver encontrava-se sobre a faixa de rolamento, junto ao meio-fio, em decúbito lateral esquerdo. Ele usava boné, portava um relógio no punho esquerdo e uma corrente de metal amarelo (possivelmente ouro, mas não tinha como avaliar) no pescoço. Não havia aparelho de telefonia celular ou carteira nos bolsos. Na cabeça, duas lesões com características semelhantes àquelas produzidas pela entrada de projétil expelido por cano de arma de fogo, sendo uma na região occipital direita (atrás da cabeça) e outra na região frontal direita. Esta lesão apresentava os efeitos secundários do tiro: zona de esfumaçamento e tatuagem.

Os efeitos secundários são os que resultam nos tiros encostados ou à curta distância, da ação dos gases, seus efeitos explosivos de resíduos da combustão da pólvora e de microprojéteis. Os gases da deflagração, expelidos pela boca do cano com alta pressão e elevada temperatura, expandem-se e arrefecem logo a seguir e seus efeitos cessam de se produzir à distância bastante curta da boca do cano. No caso de armas portáteis, dificilmente são pesquisáveis a distâncias superiores a um metro. A pesquisa dependerá da quantidade, da densidade e da natureza dos resíduos sólidos da combustão arrastados pelos gases referidos. A região espacial varrida pelos elementos que constituem os efeitos explosivos compreende três zonas distintas: zona de chama, zona de esfumaçamento e zona de tatuagem[3].

---

[3] Tochetto, Domingos. *Balística Forense*. 3. ed. Campinas, SP: Millennium Editora, 2003.

Zona de esfumaçamento: é produzida pela deposição da fuligem oriunda da combustão da pólvora ao redor do orifício de entrada de tiro. Por ser uma deposição, pode ser parcial ou totalmente removida por limpeza. Se a região atingida estiver coberta por vestes, estas poderão reter parcial ou totalmente o depósito de fuligem.

Zona de tatuagem: formada pelos resíduos maiores (sólidos) de pólvora incombusta ou parcialmente combusta e pequenos fragmentos que se desprendem do projétil. Devido à maior massa e, consequentemente, maior inércia, vencem maior distância e penetram na pele como microprojéteis. Incrustam-se de forma mais ou menos profunda, ocasionando diversos ferimentos puntiformes e resistindo à limpeza, semelhante a uma tatuagem. Em alguns casos é possível até mesmo se observar os grânulos de pólvora incombusta. Novamente, no caso da região de entrada estar coberta por vestes, os elementos que produzem a zona de tatuagem poderão ser retidos pelo tecido, não alcançando a pele[4].

Havia manchas de sangue geradas por escorrimento que partiam das lesões e percorriam o rosto e a cabeça do cadáver e também manchas de sangue geradas por gotejamento e por transferência sobre a calçada e o meio-fio próximos. Todos aqueles vestígios me contavam uma história: possivelmente, a vítima tinha sido atingida pelas costas e ficou em uma posição sentada, tendo sido deslocada para a posição em que foi encontrada. As manchas de sangue que partiam da lesão na região occipital e mudavam de

---

[4] Silvino Junior, João Bosco. *Balística aplicada aos locais de crime.* 2. ed. Campinas, SP: Millennium Editora, 2018.

direção e as manchas de sangue sobre a calçada fortaleciam essa hipótese. Posteriormente, outro tiro havia sido dado, que produziu a lesão na região frontal direita, pois dele partiam manchas de sangue que indicavam que a posição do cadáver não havia sido alterada. Esta posição, com a parte frontal direita voltada para cima e exposta, facilitaria a ação do atirador.

Achei estranho a carteira e o aparelho celular terem sido levados, mas o relógio, a corrente e o boné não. Logo pensei na hipótese da vítima estar dentro de um veículo, onde foi atingida e depois retirada e depositada na calçada. Horas antes deste exame, já havia ocorrido um homicídio contra um taxista que fora atendido por uma colega perita que também estava de plantão naquele dia. Logo presumi que poderia ser um caso semelhante, mas não imaginei que fosse do mesmo autor.

Horas depois dos meus exames neste local, houve acionamento para outro local relacionado a um homicídio contra um taxista. Outra colega procedeu os exames, mas trocamos informações e realmente começamos a perceber que aquilo tudo não poderia ser coincidência.

Aqui no Rio Grande do Sul, a perícia criminal foi desvinculada da polícia civil devido à recomendação de vários organismos nacionais e internacionais que atuam na defesa da justiça e dos direitos humanos, entre eles a Organização das Nações Unidas (ONU), o Ministério Público Federal e a Ordem dos Advogados do Brasil (OAB). Em suas recomendações, a Comissão Nacional da Verdade apresenta no item 10 da parte 18 – Conclusões e Recomendações, a necessidade de autonomia da perícia técnico-científica: "Desvinculação dos institutos médicos legais, bem como dos órgãos de perícia criminal, das secretarias de segurança pública e das polícias civis". Porém, na prática, isso acaba distanciando os peritos da investigação criminal e muitas vezes fazemos os exames dos locais e demais perícias e nem sabemos qual foi o desfecho do caso. Os filmes que mostram o mesmo perito criminal fazendo coleta de vestígios no local de crime, depois examinando as amostras no laboratório e ainda interrogando testemunhas é pura ficção para nós, pelo menos aqui no meu estado.

Ficamos sabendo de todo o caso posteriormente através da imprensa:

Três taxistas são mortos durante madrugada na Capital

Mortes causaram revolta de colegas e manifestações até em frente à casa do governador Tarso Genro

Em 90 minutos, três taxistas foram executados com tiros na cabeça na zona norte da Capital, causando revolta de colegas e manifestações até em frente à casa do governador Tarso Genro, que se reuniu às pressas com os motoristas e prometeu mudanças em blitz.

Depois dos assassinatos de E. F. H., 31 anos, e C. G., 59, foi confirmado que E. R. L. B., 49, cujo corpo foi encontrado à 1h50min na Rua ..., na Vila ..., também pertencia à categoria. O veículo, Voyage, só foi achado por volta das 11h na Rua ..., no bairro ..., o que ajudou a confirmar a profissão da vítima.

Pouco mais de meia hora depois, o taxista E. F. H. foi encontrado morto com marcas de tiro na cabeça na Rua ..., no bairro .... O carro foi localizado às 8h na Rua ..., no bairro ..., com manchas de sangue no banco. O rádio do carro e documentos desapareceram.

No terceiro caso, o corpo de C. G. foi achado ao lado do táxi às 3h20min no bairro ... Conforme o delegado ..., o dinheiro da carteira do taxista sumiu, indicativo que reforça a linha de investigação sobre assalto. Tarso Genro descartou a relação com as mortes de taxistas na fronteira. Na quinta-feira, os corpos de três taxistas de Santana do Livramento foram encontrados jogados em áreas residenciais com marcas de tiros na cabeça. Seus corpos foram achados distantes dos veículos[5].

O que foi posteriormente confirmado pela investigação é que as mortes de taxistas ocorridas na cidade de Santana do Livramento (sendo dois nesta cidade e um na cidade uruguaia de Rivera), fronteira oeste do estado, distante aproximadamente 500 km de Porto Alegre, foram protagonizadas pelo mesmo autor das mortes ocorridas na capital gaúcha. Os crimes na fronteira haviam ocorrido dois dias antes.

Três taxistas são assassinados
em Santana do Livramento

Um dos corpos foi encontrado no Uruguai. Os três motoristas foram mortos com tiros na cabeça.

Dois taxistas foram encontrados mortos na manhã desta quinta-feira em Santana do Livramento, na Fronteira Oeste. Horas depois, o corpo de outro motorista foi localizado em Rivera, no Uruguai, segundo a Brigada Militar. Uma das vítimas era policial militar.

---

[5] Gaúcha ZH. *Três taxistas são mortos durante madrugada na Capital.* 2013. Disponível em: https://gauchazh.clicrbs.com.br/geral/noticia/2013/03/tres-taxistas-sao-mortos-durante-madrugada-na-capital-4091355.html.

Os veículos usados pelos três taxistas estavam em locais diferentes dos corpos. O motorista H. B. E. S. foi encontrado morto por volta das 7h, no bairro .... Já o carro que ele usava para trabalhar, um Uno, foi encontrado no Uruguai.

Uma hora depois, outro taxista foi encontrado morto, no bairro .... Segundo a Polícia Civil, o veículo dele, um Gol, foi localizado em outro ponto do mesmo bairro.

Há pouco, o corpo de mais um taxista foi localizado, em Rivera, no Uruguai. O Elba usado pelo motorista foi encontrado em Santana do Livramento, no bairro .... A polícia ainda não confirmou a identidade das duas vítimas.

Os três motoristas foram mortos com tiros na cabeça, conforme a Polícia Civil. O delegado ... afirma que a ligação entre os casos será investigada:

– Vamos trabalhar com as hipóteses de latrocínio e execução. Os autores podem ser os mesmos.

Segundo ele, os três crimes ocorreram durante a madrugada e os taxistas não trabalhavam no mesmo ponto[6].

O *modus operandi* era muito semelhante nos 6 casos, o que logo despertou a suspeita de terem sido realizados pelo mesmo autor. Na tentativa de identificá-lo, foi solicitada coleta de material orgânico e coleta de impressões digitais nos táxis das vítimas. Como são veículos por onde passaram muitas pessoas antes do fato, a quantidade de vestígios ilusórios era gigantesca. Sempre lembrando que, embora não percebamos, sob ação do princípio das trocas de Edmond Locard em qualquer ambiente em que estamos, deixamos rastros latentes de nossa passagem:

---

[6] Gaúcha ZH. Três taxistas são assassinados em Santana do Livramento. 2013. Disponível em https://gauchazh.clicrbs.com.br/seguranca/noticia/2013/03/tres-taxistas-sao-assassinados-em-santana-do-livramento-4088848.html.

Quaisquer que sejam os passos, quaisquer objetos toca-
dos por ele, o que quer que seja que ele deixe, mesmo que
inconscientemente, servirá como uma testemunha silen-
ciosa contra ele. Não apenas as suas pegadas e impressões
digitais, mas o seu cabelo, as fibras das suas calças, os vidros
que ele porventura parta, a marca da ferramenta que ele
deixe, a tinta que ele arranhe, o sangue ou sêmen que dei-
xe. Tudo isto, e muito mais, carrega um testemunho con-
tra ele. Esta prova não se esquece. É distinta da excitação
do momento. Não é ausente como as testemunhas huma-
nas são. Constituem, per se, *numa evidência factual. A*
evidência física não pode estar errada, não pode cometer
perjúrio por si própria, não se pode tornar ausente. Cabe
aos humanos, procurá-la, estudá-la e compreendê-la; ape-
nas os humanos podem diminuir o seu valor.[7]

Por fim, o autor foi devidamente identificado através
de análises de imagens e rastreamento dos celulares da vítima. Logo a motivação dos crimes ficou clara. Porém, os
jornais rapidamente começaram a rotulá-lo de "serial killer", indevidamente.

Jovem que matou taxistas é um serial killer, diz polícia

Suspeito confessou crimes e disse que motivação foi fi-
nanceira; vítimas foram executadas antes de o assalto ser
anunciado.

Frio, calculista, serial killer *e psicopata. Esses foram*
alguns dos adjetivos usados pelos policiais gaúchos para

---

[7] Kirk, Paul. *Crime Investigation: Physical Evidence and the Police Laboratory*, 1953. NCJ Number 12097

descrever Luan Barcelos da Silva, de 21 anos, que confessou ter assassinado seis taxistas no Rio Grande do Sul. Ele foi preso no sábado pela polícia.

"Sem dúvida alguma, esse indivíduo, seja a motivação qual seja, é uma espécie de serial killer, *afirmou o chefe da Polícia Civil, Ranolfo Vieira Júnior. Em coletiva, o governador gaúcho Tarso Genro (PT) usou o mesmo tom: Um psicopata, certamente. Esse tipo de criminoso serial é um pouco raro no Brasil, e no Rio Grande do Sul é muito raro, disse.*

Criado pela avó em Santana do Livramento, na fronteira com o Uruguai, Luan Barcelos não tinha antecedentes criminais e é descrito como festeiro por amigos e parentes, segundo as investigações policiais. Ele cometeu os crimes em um intervalo de dois dias, entre 28 e 30 de março, no feriado da Semana Santa. Os alvos eram motoristas de táxi que trabalhavam no período da madrugada. A motivação para os crimes, segundo o depoimento do suspeito, foi financeira.

Morador de Porto Alegre há cerca de dois anos e meio, Barcelos teve empregos esporádicos nesse período, como motoboy e vendedor. Antes de se mudar, chegou a servir como recruta no Exército quando completou 18 anos, mas acabou sendo expulso poucos meses depois por indisciplina.

Em depoimento à polícia, ele relatou que estava desempregado e precisava de dinheiro para pagar o aluguel do apartamento que dividia em um bairro de classe média na capital gaúcha. À época em que cometeu o primeiro latrocínio, segundo contou, devia cerca de 1.000 reais.

Durante o depoimento de três horas prestado no sábado, "sempre de maneira fria e como se estivesse conversando normalmente", como descreveu a delegada Melina Bueno Corrêa, da Delegacia de Homicídios de Porto Alegre,

Barcelos disse como agiu durante a matança. Segundo a delegada, ele descreveu detalhes que iam além das perguntas feitas pelos policiais e disse que escolheu taxistas porque eram uma "opção fácil".

A notícia correu os principais jornais do Brasil e da América Latina e muitos acabaram expondo opiniões apressadas:

Filho de pais separados, o suspeito foi criado pela avó paterna. Ainda conforme o relato de pessoas próximas à família, os pais sempre foram distantes e ausentes – a mãe teria entregue a criança ainda bebê e formou outra família, enquanto o pai teria uma relação complicada com o rapaz e os dois pouco se falavam.

Ironicamente, o avô do jovem exerceu a profissão de taxista em Santana do Livramento por mais de 30 anos. Seu tio-avô também era motorista de táxi na cidade. Fato que provocou especulações de que ele poderia ter executado os taxistas antes de roubá-los em função de um trauma de infância ou para satisfazer algum desejo de vingança. Mas, até o momento, nada aponta para essa direção.

A crueldade dos homicídios – todos os motoristas foram executados pelas costas, sem chances de defesa – e a forma sequencial como foram cometidos levou o delegado Ranolfo a caracterizar o jovem como um serial killer. *Em uma entrevista, o governador Tarso Genro o definiu como um "psicopata".*

Para o ex-diretor do Instituto Psiquiátrico Forense (IPF) de Porto Alegre, no entanto, não é possível atestar qualquer distúrbio mental no suspeito sem antes fazer uma avaliação individual completa. "Todos querem encontrar uma explicação para a ação violenta desse rapaz. Mas esse diagnóstico é feito após uma extensa e minuciosa avaliação, que envolve longas entrevistas", explica o psiquiatra Gabriel Neves Camargo.

O psicanalista e também perito forense do IPF Paulo Oscar Teitelbaum diz que o termo é frequentemente usado de maneira equivocada. "É preciso fazer uma distinção entre o uso leigo e o diagnóstico dessa condição. Comportamento criminal é uma coisa e psicopatia é outra. É temerário fazer qualquer avaliação precipitada", resume ele.

Segundo os dois médicos, a psicopatia consiste em um conjunto de traços de personalidade, como pouco apreço pela vida dos outros, dificuldades de se envolver emocionalmente, entre outros. A grande maioria dos indivíduos diagnosticados com essa doença mental não comete crimes ou têm comportamento violento. Do mesmo modo, a grande maioria de homicidas não são psicopatas, garantem eles.

À polícia, o jovem contou que a motivação era puramente financeira: matar para roubar. Ele afirmou que optou por assaltar taxistas porque eram vítimas mais "fáceis" e que executou todos eles porque queria se certificar de que não seria reconhecido. "Ele disse que saiu para matar, tanto que a primeira coisa que fazia era disparar e só depois ver o que as vítimas tinham para ser roubado", diz a delegada Melina[8].

Os estudiosos de *serial killers* são unânimes em desqualificar os criminosos que assassinaram várias pessoas por motivos financeiros. O termo *serial killer* foi criado por Robert Ressler para descrever o comportamento homicida daqueles que praticam um assassinato, depois outro e mais

---

[8] G1 RS. *Suspeito de matar taxistas no RS não tem perfil de criminoso, diz delegado.* 2013. Disponível em: https://g1.globo.com/rs/rio-grande-do-sul/noticia/2013/04/suspeito-de-matar-taxistas-no-rs-nao-tem-perfil-de-criminoso-diz-delegado.html.

outro de forma bastante repetitiva. Nesta concepção inicial se enquadrariam diversos tipos de criminosos que cometem mortes em sequência. Porém, a ideia do FBI na época era focar naqueles criminosos que compartilhavam certas características em comum de *modus operandi* e *assinatura*.

Modus operandi (MO) é o método usado para cometer o crime. Vem da frase latina que significa "modo de operação". Basicamente, todos os criminosos possuem um método de atuação que engloba os hábitos, técnicas e quaisquer peculiaridades de comportamento. O método pode permanecer o mesmo, mas geralmente cresce e muda com o tempo, à medida que o criminoso se torna mais habilidoso em cometer um crime específico. Se um investigador estabelecer o MO em um caso de homicídio, eles farão referências à análise forense da cena do crime. Exemplos de MO de um criminoso:

• O tipo de contenção usada na vítima, padrões de ferimentos e tipo de fibra das cordas.

• Tipo de arma usada, como faca, objeto contundente ou revólver.

• Fita encontrada na vítima que foi usada para amarrar as mãos e cobrir a boca.

• Ferramentas usadas para entrar na casa da vítima.

• O ataque pode ocorrer quando a vítima sai do veículo ou caminha por uma garagem escura.

• Hora do dia que o infrator escolhe para cometer o crime, como noite ou madrugada.

• Ausência de impressões digitais que indiquem que o infrator usou luvas.

A *assinatura* refere-se aos comportamentos distintos que ajudam a atender às necessidades psicológicas e emocionais do criminoso. A evidência física ajuda a estabelecer os comportamentos de assinatura do criminoso que cometeu o crime específico. Novamente, a análise pericial é muito importante para estabelecer este tipo de evidência. Exemplos de assinaturas criminais:

- Nível de lesão à vítima: mínimo ou excessivo.
- Local ou sequência específica ao ato criminoso.
- Ejaculação, micção e/ou defecação durante o ato criminoso.
- Tipo específico de arma usada.
- Objetos pessoais retirados da vítima.
- Tipo específico de vítima visada que se refere à idade, raça, ocupação ou outras características físicas.
- Qualquer coisa deixada especificamente na cena do crime, como um bilhete ou objeto.

Pela definição, para se qualificar como *serial killer*, o criminoso deve atender às seguintes condições:

- tem de haver pelo menos três homicídios;
- os assassinatos têm que ocorrer em locais diferentes;
- tem de haver um período de calmaria, um intervalo entre os assassinatos que pode durar de algumas horas a vários anos.

Esta definição do FBI ainda é demasiadamente ampla, pois pode acabar abarcando homicidas que não se adequam à concepção original de *serial killers*: os matadores de aluguel, terroristas etc. Além disso, a maior falha é que esta definição não traz qualquer referência da natureza específica dos crimes. Quando Ressler criou o termo, ele se referiu a psicopatas homicidas como Ted Bundy, John Wayne Gacy e Edmund Kemper. Todos estes tinham um ponto em comum: um forte componente de sexualidade depravada. Por isso, alguns especialistas enfatizam as motivações sexuais por trás do assassinato em série, definindo-o como um ato praticado por depravados ultraviolentos, que obtêm prazer ao submeter suas vítimas a dores extremas e que continuarão a cometer suas atrocidades até que sejam detidos. Essas falhas na definição do FBI são corrigidas em outra, formulada pelo National Institute of Justice dos EUA, que muitas autoridades consideram uma descrição mais precisa:

"Uma série de dois ou mais assassinatos cometidos como eventos separados, geralmente, mas nem sempre, por um criminoso atuando sozinho. Os crimes podem ocorrer durante um período de tempo que varia de horas a anos. Muitas vezes o motivo é psicológico e o comportamento do criminoso e as provas materiais observadas nas cenas dos crimes refletem nuances sádicas e sexuais".

Algumas pessoas podem acreditar que se trata de um caso de *spree killer*, mas, novamente, com a questão financeira como motivação principal, qualquer um destes rótulos se torna inadequado.

Spree killer: Assassino relâmpago (assassino em farra ou em fúria) mata duas ou mais vítimas, mas em mais de um local. Embora seus assassinatos ocorram em locais separados, seu spree *(fúria) é considerado um único evento porque não há "período de calmaria" entre os assassinatos.*

Por fim, o autor dos crimes acabou condenado pelos homicídios e a pena soma 124 anos de prisão:

Pena de jovem que confessou
morte de taxistas soma 124 anos de prisão

O jovem que confessou ter matado seis taxistas em 2013, Luan Barcelos da Silva, de 23 anos, foi condenado nesta terça-feira (12) a mais 20 anos de prisão. A decisão da juíza Tatiana Gischkow Golbert diz respeito ao assassinato do motorista Ênio Rolim Lecina, 55 anos, em Rivera, no Uruguai. Ele teria sido a terceira vítima do ex-motoboy e ex-corretor de imóveis.

A condenação é a sexta punição dada a Luan desde o início dos julgamentos pelos crimes. No total, a pena do jovem ultrapassa 124 anos de reclusão, sendo que uma das condenações terá recurso julgado na tarde desta quarta-feira (13).

Quando me perguntam se eu já participei de algum caso famoso, sempre lembro deste, porém, não teve tanta atenção dos jornais porque envolvia vítimas humildes em cidades do estado do Rio Grande do Sul, o que parece não ter tanto apelo midiático.

A PRIMEIRA VIAGEM

Eu não sou daquelas pessoas que sentem um enorme prazer em viajar. Fiz poucas viagens na minha vida. Causa-me uma pequena aflição saber que preciso percorrer qualquer percurso acima de 100 km. Não sei em que momento minha mente estabeleceu esta distância, mas deve ser por que era o tamanho do percurso que estava acostumado a percorrer nas férias, quando ia para a praia. Ainda que utilize um pouco de racionalização para me convencer de que não se trata de um grande problema, há outro fator que faz eu me sentir desconfortável com viagens: cinetose. Ou em termos mais comuns: eu fico enjoado. Desde pequeno eu sou assim e tenho extrema inveja das pessoas que conseguem ler livros enquanto andam de ônibus. Minha vida na faculdade teria sido bem mais fácil se eu tivesse essa capacidade. Mas o destino não está nem aí para nossa zona de conforto e eu acabei trabalhando com algo que, com frequência, me obriga a viajar.

Atualmente, existem diversas coordenadorias regionais de perícias (CRP) nas principais cidades do estado que são responsáveis pelo pronto-atendimento das perícias de local de crime. Os servidores lotados nestas coordenadorias, além de atuarem na cidade sede, também são responsáveis pelo atendimento nas cidades do entorno. Assim como ocorre nos exames de local de crime de competência dos peritos no departamento de criminalística sediado em Porto Alegre: além de fazermos exames na capital gaúcha, também atuamos em dezenas de cidades da região metropolitana e outras cidades próximas. Houve época, antes da criação destas CRP's, em que os peritos lotados em Porto Alegre precisavam viajar por todo interior do estado. Tal situação fazia com que absurdos ocorressem, como um cadáver ficar mais de 10h na via pública aguardando a chegada da equipe do IGP, pois a cidade ficava há horas de distância da capital[9].

Embora eu esteja lotado no Departamento de Criminalística de Porto Alegre, nossa área de atuação se estende por diversas cidades da região metropolitana. Fora isso, devido à precariedade dos quadros de servidores da perícia, não são raras as vezes que precisamos atender cidades de outras regionais devido à ausência de equipe em determinados dias. Desta forma, preciso viajar para examinar locais de crime que estejam em cidades fora de nossa jurisdição normal.

---

[9] Não raro este tempo de espera ainda pode ocorrer, visto que o número de servidores da perícia nas cidades do interior ainda é abaixo do ideal. Em determinados locais, uma equipe de perícia é responsável por cobrir uma área com mais de 100 municípios.

Existem alguns remédios que evitam o enjoo causado pela cinetose, mas me deixam sonolento. E ninguém quer um perito desatento examinando um local de crime. Algo que me ajuda é sentar no banco dianteiro do veículo. Certa vez, um colega mais antigo disse que ele tinha preferência por sentar na frente. Eu não me opus, apenas expus o fato de que eu enjoava com facilidade e se eu fosse vomitar, certamente miraria nele. Sem muita discussão, ele cedeu o assento para mim. Nunca mais houve problema parecido, entendi que o recado fora transmitido a outros colegas.

Creio que a maioria das pessoas gosta de viajar devido ao que lhes espera no destino. No meu trabalho, o destino é sempre trágico: examinar o local onde uma pessoa perdeu a vida de forma violenta. Este é um fator que não ajuda muito para tornar a viagem mais agradável. E, para completar, nunca é algo planejado: com frequência, as viagens ocorrem no meio da madrugada, depois de ter passado o dia inteiro trabalhando. Aos poucos vamos vendo o que o trabalho faz conosco, e não há nenhum monitoramento da saúde mental dos servidores.

Minha primeira viagem a trabalho ocorreu logo no primeiro ano. Era uma cidade muito pequena, distante aproximadamente 100 km de Porto Alegre. Porém, grande parte do percurso tinha de ser feito por meio de estrada sem pavimentação, composta de sedimento arenoso, o que fazia o caminho parecer duas vezes mais longo. Não havia software de localização através de GPS na época, o que dificultou o encontro do sítio do evento. Tínhamos o nome da estrada e o número do quilômetro próximo. Enquanto estávamos nos deslocando pela via identificada no histórico repassado pelo ofício da solicitação dos exames, encontramos um grupo de pessoas distantes aproximadamente duzentos metros de nós, em meio a uma plantação de fumo. Logo presumi que ali estava o cadáver. A vítima estava em meio à plantação e coberta por um lençol. Dentre as pessoas que circundavam o cadáver havia um policial militar[10] (que representava metade da força policial da cidade – a outra metade estava na viatura) e diversas pessoas, entre elas, um homem de baixa estatura, bigode e com um ar de apreensão. Após eu retirar o lençol que estava sobre o cadáver, este homem desabou a chorar: era o pai da vítima. Aproximei-me e expliquei que iríamos fazer alguns exames, que talvez não fosse bom ele acompanhar e que fosse melhor ele guardar outra imagem do seu filho. Mas ele se mostrou irredutível, quis ficar. Isso acontece com frequência: pais nunca querem abandonar seus filhos.

O cadáver apresentava algumas lesões cortantes e perfurocortantes:

> *Os meios ou instrumentos de ação cortante agem através de um gume mais ou menos afiado, por um mecanismo de deslizamento sobre os tecidos e, na maioria das vezes, em sentido linear. A navalha, a lâmina de barbear e o bisturi são exemplos de agentes produtores dessas ações. As feridas produzidas por essa forma de ação, preferimos denominá-las, embora não convenientemente, feridas cortantes, em vez de "feridas incisas", deixando esta última expressão para o resultado da incisão verificada em cirurgia, cujas*

---

[10] Embora o CPP preconize que é obrigatória a presença da autoridade policial no local – no caso, um representante da polícia judiciária, responsável pela investigação – é comum sua ausência em locais do interior do estado, devido à precariedade dos quadros da segurança pública.

características são bem diversas daquelas das feridas produzidas pelos mais distintos meios cortantes[11].

As lesões perfurocortantes são provocadas por instrumentos de ponta e gume, atuando por um mecanismo misto: penetram perfurando com a ponta e cortam com a borda afiada os planos superficiais e profundos do corpo da vítima. Agem, portanto, por pressão e por secção. As feridas penetrantes são geralmente graves, não apenas pela infecção causada no interior do organismo, como também pelas lesões sofridas pelos órgãos de maior importância. As mais graves, e que impõem tratamento cirúrgico imediato, são as penetrantes à cavidade peritoneal[12].

Foram constatadas algumas lesões de defesa nos membros superiores e uma lesão perfurocortante na região peitoral direita.

A presença de lesões de defesa indica que houve luta da vítima com um ou mais agressores. Tais lesões situam-se nas regiões palmares, na borda cubital da mão e do antebraço, na face externa dos braços, nos joelhos e nas pernas. São mais comuns quando a agressão se faz por armas brancas[13].

---

[11] França, Genival Veloso de. *Medicina Legal*. 8. ed. Rio de Janeiro: Guanabara Koogan, 2008.

[12] França, Genival Veloso de. *Medicina Legal*. 11. ed. Rio de Janeiro: Guanabara Koogan, 2017.

[13] Hércules, Hygino de Carvalho. *Medicina Legal: texto e atlas*. 2. ed. São Paulo: Ed. Atheneu, 2014.

Pela presença de espuma sanguinolenta saindo da boca do cadáver foi possível deduzir que a faca acertou o pulmão[14].

No exame do local, percebi que havia manchas de sangue em algumas plantas. Comecei a seguir a "trilha" de sangue disposta nas folhas de fumo até que localizei a área onde iniciaram as agressões, distante aproximadamente cem metros do local onde estava o cadáver. Ali encontravam-se uma faca e um boné. A faca tinha o mesmo tamanho de uma bainha que estava na cintura do cadáver. Pelo que deduzi, houve uma briga entre o agressor e a vítima, que empunhava a arma. Porém, o agressor conseguiu retirar a arma da vítima e a atacou com sua própria faca. Após ter sido lesionada, fugiu por entre a plantação, deixando um rastro de sangue nas folhas. Imediatamente fiquei pensando que alguém poderia, no futuro, consumir um cigarro que estivesse impregnado de sangue. Porém, as chuvas e o processo de produção do fumo iriam garantir que não ficasse nenhum resquício de material sanguíneo.

Enquanto a funerária[15] se encarregava de fazer o recolhimento do cadáver, chegou um indivíduo esbaforido junto do grupo, alegando que a vítima tinha sido morta a mando de um tal Roberto que morava a poucos metros de distância dali. O pequeno grupo de pessoas se alvoroçou e percebi que havia planos para apedrejarem a casa do

---

[14] A espuma na boca e narinas do cadáver é comum nos casos de afogamento

[15] Ratificando a questão da precariedade dos quadros de servidores da segurança pública, em diversas cidades do interior do estado, a remoção do cadáver até o posto médico-legal é feita por funerárias conveniadas com o município e não por servidores da perícia. Em tempos que se fala tanto da importância da cadeia de custódia, um absurdo como este ainda é realidade em muitos lugares do Brasil.

mandante. O policial militar que estava no local utilizou muito bem seus dotes dialéticos para desmotivar a multidão. Penso que se ele tivesse que recorrer ao seu armamento, a capacidade de seu carregador poderia não ser suficiente para convencer as pessoas de seu argumento pela paz. Diversos indivíduos ali presentes possuíam facas na cintura, fazendo com que a desvantagem do policial fosse ainda maior, considerando a teoria Tueller[16]. Ainda assim, em meio à multidão, decidi que iria adquirir minha própria arma de fogo[17].

Depois de todas as emoções típicas do local, ainda era necessário vencer o cansaço e fazer o percurso de volta; mas desta vez, durante a noite.

---

[16] Dennis Tueller era um sargento da polícia americana em 1982 que lecionava as técnicas de tiro a novos policiais. Em uma aula, foi questionado em que momento um policial teria justificativa para atirar em alguém com uma faca. Depois de vários testes, constatou-se que um indivíduo com uma faca levaria vantagem sobre outro com arma de fogo se a distância entre estes fosse menor que 21 pés (6,4 metros).

[17] Trata-se de uma questão controversa: perito criminal tem porte de arma de fogo. Nos estados em que a perícia criminal não faz mais parte da polícia civil, o porte é contestado. A perícia criminal (ou polícia científica) não está prevista no art 144 da CF que elenca os órgãos da segurança pública, o que acarreta uma série de problemas às instituições periciais.

TAVARES

O perito plantonista não sofre com rotina; não acorda de manhã pensando que irá examinar um local de homicídio, dois de suicídio e um latrocínio. Ele nunca sabe o que lhe espera durante o período em que está de plantão. Pode conseguir almoçar ao meio-dia ou às 18h. Pode passar a manhã lendo um livro e a tarde em meio a um matagal ajudando a examinar um cemitério clandestino com 15 corpos. Ele pode descansar à tarde e passar a noite se deslocando entre cidades, perambulando entre tragédias.

Aquele dia havia sido movimentado e não conseguimos descansar, pois foram realizados vários exames periciais em locais de morte violenta em sequência. O plantão havia começado com uma tentativa de suicídio em uma cidade distante 80 km da capital. A delegada suspeitou do caso, pois achou que poderia ter sido uma tentativa de feminicídio. Porém, os exames no local nos indicaram que não havia crime a ser investigado: a hipótese do suicídio fora confirmada pelos vestígios analisados. No final da tarde, o mais comum dos homicídios: vítima morta com vários tiros em via pública, certamente relacionado ao tráfico de drogas. Trata-se de um local que exige muito esforço físico e pouco esforço intelectual. Muitos destes casos resultam em diversos elementos de munição espalhados pela via pública: estojos, projéteis, fragmentos etc. Todos os elementos devem ser sinalizados com placas numeradas, descritos e terem sua posição definida através de métodos referenciais. Quarenta estojos no chão significam pelo menos 40 agachamentos para assinalar, coletar, descrever etc.

Já era noite quando voltamos para a base. Jantamos e pensamos em dormir. Porém, havia pessoas na rua fazendo algazarra e que nos impediram de descansar. Mesmo pedindo educadamente que se retirassem, não fomos atendidos. Somos da perícia e não da polícia, por isso nossas possibilidades de intimidação diminuem consideravelmente. A população em geral mal conhece nosso trabalho. O que se poderia esperar daqueles indivíduos embriagados?

Mas mal tivemos tempo para resolver nossa contenda e fomos interrompidos pelo toque do telefone. Um colega atendeu e logo fomos informados do próximo local a examinar: um suicídio em Tavares. Essa cidade fica aproximadamente 230 km de distância da nossa base; a estrada apresentava péssimas condições de trafegabilidade e o tempo médio de percurso é de aproximadamente 3h20min. Era pouco antes da meia-noite quando iniciamos o deslocamento e apenas agradeci por não estar chovendo.

A equipe era formada por quatro servidores: eu, como perito, o papiloscopista, o fotógrafo e o motorista. A viagem de ida foi de certa forma tranquila, ainda com ritmo acelerado do dia atribulado. Depois de mais de 3h transitando por estradas escuras, mal sinalizadas e cheias de buracos, chegamos na cidade. Mas este era apenas o início: não tínhamos equipamentos de GPS e precisávamos achar o endereço citado no ofício sem conhecer nada do local. Logo após a entrada da cidade, nos deparamos com uma luz vermelha ao longe, próximo de uma rótula. Julgamos ser uma viatura policial e nos deslocamos para lá apenas para nos depararmos com um carro encostado na margem da rodovia, com um homem vomitando na beira da estrada enquanto que outro homem nos informava que estava tudo bem, ele apenas havia bebido demais. Confirmamos a história com o bêbado que nos fez sinal de positivo entre uma vomitada e outra.

Retomamos nossa busca pelo local a ser examinado, em uma cidade pequena do interior, sem muita sinalização. Conseguimos, depois de alguns minutos perambulando, encontrar o posto da Brigada Militar, e lá resolvemos pedir informações. A porta de vidro estava fechada e da rua era possível ver um balcão. Bati na porta e um soldado levanta de trás do balcão, com uma cara sonolenta. Nos identificamos e ele ficou surpreso por estarmos ali, pois não sabia do caso. Mas entrou em contato com os colegas da Polícia Civil e conseguiu nos informar como chegar no endereço correto. Antes de sairmos, pude ouvir ele comentar:

– Faz mais de 30 anos que moro aqui e nunca vi perícia nesta cidade.

"Tinha que ser logo no meu plantão", pensei comigo.

Chegamos no endereço citado junto dos policiais civis. O corpo estava na garagem, era um senhor idoso que havia se enforcado usando uma fita plástica, em pé, junto a uma coluna. Típico suicídio por suspensão completa. Diferente do que a maioria das pessoas acredita, a maior parte dos suicídios por enforcamento se dá com a vítima encostando os pés no chão, ajoelhada, às vezes até quase deitada.

> *O corpo pode estar totalmente suspenso, ou apoiado parcialmente sobre o solo. No primeiro caso, diz-se que o enforcamento é completo; no segundo, incompleto. Às vezes, a suspensão é completa, mas a poucos centímetros do solo. Assim, se o material da corda ceder e esticar um pouco com o tempo, um enforcamento completo pode se tornar incompleto. Como veremos no estudo dos mecanismos de morte dos enforcados, não há necessidade da força de todo o peso do indivíduo para que ela ocorra. Nos enforcamentos incompletos, o ponto de suspensão não está muito distante do solo, de modo que os membros inferiores, e às vezes mesmo os quadris, tocam a superfície.* [18]

A rigidez cadavérica estava totalmente instalada e as manchas de hipóstase estavam bem pronunciadas nos membros inferiores. Dentro da casa, no lixo da cozinha, havia uma folha de papel rasgada que podia ser identificada como um bilhete de despedida. Achei curioso que no mesmo lixo havia bilhetes da loteria federal não premiados e com datas recentes. Sabemos que o suicídio é multifatorial: diversos motivos influenciam o comportamento autolesivo. Pode aquele simples fato de perda de um prêmio difícil de conseguir ter contribuído para a decisão de morte autoinfligida? Sim. Talvez seja um fator com uma influência muito pequena, mas ainda assim pode ter feito parte da decisão.

---

[18] Hércules, Hygino de Carvalho. *Medicina Legal: texto e atlas.* 2. ed. São Paulo: Ed Atheneu, 2014.

Depois de tudo, precisávamos encarar o caminho de volta. Eram 5h da madrugada quando iniciamos o retorno. O cansaço era visível no rosto de todos. Eu e o papiloscopista nos oferecemos para revezar a direção com o motorista, porém, este avisou que estava bem e poderia iniciar o percurso. O fotógrafo mal entrou na viatura e já estava dormindo. Por alguns minutos consegui fechar os olhos e dormi. Porém, logo fui acordado com os gritos do papiloscopista, tentando acordar o motorista que havia dado uma pequena cochilada e fazia com que nossa viatura invadisse a pista contrária. O fotógrafo nem se mexeu, seguiu dormindo. Resolvemos parar em um boteco na beira da estrada para tentar ingerir algo que nos ajudasse a enfrentar o longo percurso que ainda havia pela frente. Um pastel de carne do tamanho do meu antebraço e um café preto forte como a morte foi nosso lanche matutino. O resultado foi uma azia instantânea que possivelmente nos manteria acordados pelas próximas duas horas necessárias para retornarmos para a base. Logo que voltamos para a viatura, uma forte chuva começou a cair.

Dali eu conduzi o veículo para dar um descanso ao motorista. Aguentei por uma hora até que a vista cansou. Então, o papiloscopista assumiu a direção até o final do percurso. O fotógrafo continuava dormindo e só acordou quando chegamos no nosso destino.

Não lembro exatamente que horas chegamos na base, mas certamente avançava nosso horário de saída, que normalmente é às 8h. Cheguei em casa às 11h da manhã, mais cansado do que o habitual, mas a folga é apenas uma ilusão: ainda precisava começar a redigir os laudos dos locais examinados.

O SUSTO

Eu estava retornando para a seção de exames de locais de morte violenta depois de passar quase dois anos na chefia do setor. Foi um período de muita dedicação, mas o estresse me fez desistir do cargo para voltar aos exames periciais em local de crime. Também estava com saudades de fazer perícia pois, na chefia, as atividades resumiam-se a trabalhos administrativos e de gerenciamento de pessoas. É um grande problema fazer isso em uma instituição pública em que não se tem muito respeito por hierarquia e a estrutura é precária. Houve ocasiões em que faltava material e eu tive que arcar com dinheiro do meu bolso para não deixar os colegas sem materiais básicos como luvas, papel higiênico, papel A4 etc. Isso sem contar as horas de luta com a impressora que travava com frequência, ainda mais considerando que na época os laudos eram impressos, diferente dos documentos virtuais da atualidade.

Ainda precisava lidar com colegas que insistiam em utilizar o equipamento para imprimir materiais de seus projetos pessoais. Ainda que os governos sejam os grandes responsáveis pela precariedade das instituições devido à falta de investimento, há servidores que fazem um péssimo uso dos recursos públicos disponíveis que deveriam ser voltados exclusivamente para seus trabalhos. Eu utilizava uma planilha de *Excel* para diversas tarefas: como uma agenda, para fazer anotações de compromissos do dia, para controle de entrega de laudos e atendimentos dos peritos, para controle de material etc. Até comecei a ter pesadelos aterradores com planilhas não preenchidas, coisa que nunca aconteceu com exames de local: sempre que sonhei com exames periciais de mortes violentas, pareciam sonhos racionais em que estava preocupado com os aspectos técnicos; mesmo que nesses sonhos figurassem cadáveres esquartejados. Lembro de ter comentado isso com um colega e pude perceber o olhar de horror em sua face.

Ademais, percebi que recebia, com frequência, convites para trabalhar na administração ou assumir cargo de chefia. Eu não entendia por que isso acontecia, sendo que sempre me considerei uma pessoa mediana. Apenas fazia aquilo que se esperava de qualquer funcionário público: respeitava o horário de trabalho, não faltava, não atrasava laudos, fazia uso correto do material disponível etc. Tempos depois eu entendi que apenas fazer o mínimo já é o suficiente para receber um leve destaque. Em outros momentos devo abordar algumas dificuldades que enfrentei quando assumi a chefia, mas no momento, lembrei desta história que, mais uma vez, me fez entender a importância de peritos criminais que atuam em local de crime portarem arma de fogo e de terem um treinamento adequado.

Fomos acionados para examinar um local em uma área residencial da cidade, em zona periférica, no limite dos bairros urbanos. O local imediato situava-se em uma via pública, onde estava o cadáver com diversos estojos componentes de munição em volta e ficava próximo a um campo de futebol aberto, de uso público. Na beirada do gramado, havia uma construção que deveria ser destinada a uso como vestiário do campo, segmentada em duas partes. Porém, claramente estava abandonada e sendo usada como moradia por pessoas em situação de rua. Havia manchas de sangue gotejadas em trilha que ligavam o local do cadáver com o que estava identificado como vestiário masculino:

> *Quando se observa o lançamento sequencial de várias manchas gotejadas formando uma trilha de sangue por conta de um deslocamento, este agrupamento é denominado gotejamento em trilha ou simplesmente manchas em trilha (drip tail). Neste caso, por vezes, é possível determinar o sentido do movimento da fonte de sangue através da posição dos espinhos ou manchas satélites contidas em suas bordas, ou nas proximidades as quais apontam predominantemente para o sentido do deslocamento [19].*

As manchas tinham os "espinhos" que apontavam que a vítima, com ferimento sangrante, havia saído do vestiário masculino até tombar no local onde fora encontrada. Desta forma, fazia-se necessário o exame naquela área. O

---

[19] Canelas Neto, A. A. *Perfis de mancha de sangue: do local de crime à elaboração do laudo*. São Paulo: Lura Editorial, 2017.

local estava destruído pelo fogo, o que indicava que houve uma tentativa de homicídio através de incêndio, que foi frustrada. A pessoa havia sido agredida no vestiário e o agressor ateara fogo no local para encobrir o crime. Ele ainda teve forças para fugir dali, mas tombou na via pública. Apesar da destruição causada pelo fogo, era possível verificar a presença de objetos típicos de residência.

Após o exame do vestiário masculino, verifiquei que a entrada do vestiário feminino também estava sem portas. Perguntei para o policial se haviam encontrado algo ali, mas responderam que não haviam verificado. Dirigi-me para este local para examinar, pois tratava-se de local mediato.

Local imediato: área principal do local de crime, onde se concentram a maior parte dos vestígios. Em caso de homicídio, é onde se encontra o cadáver.

Local mediato: áreas adjacentes ao local imediato e com ligação física com este. Também pode concentrar um número elevado de vestígios.

Local relacionado: local sem ligação física com o local imediato, mas que apresenta vestígios que o relacionam com o crime. Exemplo: após o homicídio, o autor deixa o veículo utilizado no crime em uma garagem.

Percebi que estava sozinho, pois os colegas já estavam se dirigindo para a viatura, mas não me preocupei, pois achei que seria rápido. Eu utilizava uma lanterna de cabeça, para manter as mãos livres. Liguei-a e adentrei o vestiário. A lanterna estava um pouco fraca, pois não a havia carregado completamente antes de sair para este exame. Dentro do local notei a presença de vários objetos: um carrinho de papeleiro, cama, montes de papelão e outros objetos amontoados. A visualização era difícil devido à disposição dos objetos e a luz fraca da minha lanterna. Perambulando pelo local, atrás de uma parede, vi que havia um sofá, que comecei a apalpar para ver se havia algo, já que a luz não estava ajudando muito. Até que acabei apalpando em algo quente que logo percebi que era uma perna. Imediatamente, levantei a cabeça e o foco da luz mirou o rosto de uma pessoa que estava sentada no sofá. Pulei para trás e o indivíduo bradou:

– Eu não vi nada!

– AJUDA! Tem gente aqui!, gritei – tentando alcançar algo que pudesse usar para me defender, caso fosse atacado.

Logo os colegas da perícia, da polícia civil e da polícia militar chegaram no local e contiveram o indivíduo para interrogá-lo.

Afinal, ele havia falado a verdade. Morava naquele local, mas no momento do fato, não estava ali.

Depois de me reestabelecer do susto, retornei à viatura, pensando se seria bom ou não ter uma arma de fogo naquela situação. Sabia que antes de mais nada, deveria ter um bom treinamento para evitar que fizesse mau uso do armamento e proporcionasse uma tragédia.

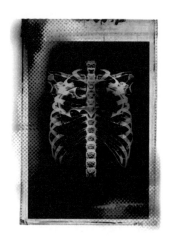

PERÍCIA CRIMINAL NÃO É SÓ SANGUE

Nem todos os peritos lidam com cadáver. Alguns não querem, outros nem conseguem. Esse filtro já é feito durante o curso de formação. Alguns professores peritos escolhiam as imagens mais chocantes para mostrar em aula, a fim de saber quem ali presente teria condições de encarar a vida de perito de local de crime. Claro que nenhum perito jamais confessou essa artimanha, mas foi o comentário geral entre os alunos, visto os casos bizarros que foram apresentados.

Além disso, fazia parte do treinamento acompanhar uma necropsia, pois é sempre interessante que o perito criminal de local de crime troque informações com o legista que examinou o cadáver do seu caso. Eu tenho o hábito de, sempre que possível, visitar o necrotério para acompanhar as necropsias relacionadas aos locais que examinei. Infelizmente, a frequência de ocorrência de crimes me impede de fazer isso sempre.

Mas no curso de formação foi diferente. No dia determinado que as turmas de peritos deveriam acompanhar necropsias, não havia nenhuma. Naquele dia não havia ocorrido nenhuma morte violenta. É algo que não havíamos pensado: a possibilidade de não ter "material" de aula. Não era como se alguém pudesse arranjar uma necropsia a ser feita. Nem poderia ficar guardando um corpo por dias até a data da aula. Ficávamos à mercê da necessidade de alguém morrer para termos aula. Uma necessidade mórbida.

Caso semelhante aconteceu quando uma equipe de reportagem de um jornal televisivo compareceu no departamento para acompanhar nossa rotina. Eles ficariam conosco por 24h e iriam filmar nossos atendimentos externos. Não ocorreu nenhuma morte violenta naquele dia, algo raríssimo de acontecer. Convidamos a equipe para nos visitar mais vezes, pois parecia que eles nos traziam sorte.

Enfim, nossa turma foi para o departamento médico-legal e quando chegamos lá ficamos sabendo que não havia cadáver. Mas para não perder viagem, a legista conseguiu um vídeo de uma necropsia para nos mostrar. Sentamos no auditório, que era parecido com um teatro de arena, só que no centro, em vez de um palco, havia uma mesa de necropsia, onde colocaram a TV.

Iniciaram o vídeo e confesso que era bem diferente, para mim, que já havia feito inúmeras necropsias. Tinha um ar de vídeo *snuff*[20], que dava uma impressão ruim à

---

[20] Filmes *snuff* são filmes que mostram mortes ou assassinatos reais de uma ou mais pessoas, sem a ajuda de efeitos especiais, para o propósito de distribuição e entretenimento ou exploração financeira. Embora existam muitos filmes que de fato mostram mortes reais, a existência de uma indústria financeira em torno deste tipo de filme geralmente é vista como uma lenda urbana. Filme snuff. *In:* WIKIPÉDIA: a

situação. Mas me acostumei com aquelas cores saturadas do VHS e com a câmera trêmula e logo perdi o interesse, considerando que já havia visto muito daquilo na realidade. Poucos segundos depois disso, senti a cabeça do meu colega ao lado encostando no meu ombro. Achei que ele estava fazendo alguma brincadeira e sacudi o braço, esperando que ele tirasse a cabeça, mas isso não aconteceu. Quando olhei para ele, estava branco, com os olhos revirados e a boca aberta: ele havia desmaiado. Foi um alvoroço, eu e mais outros colegas nos juntamos para carregá-lo para fora da sala, pois aquele vídeo tinha sido forte demais para ele. Havíamos passado por alguns colegas que estavam preocupados com a situação e logo outra colega levantou a mão e proferiu as seguintes palavras: "eu não estou bem também". Ela compartilhava a mesma cor da pele que o outro colega e estava a ponto de desmaiar: parecia que o sangue havia esvaído de seu rosto e os olhos estavam fundos. Outros colegas a pegaram e também a encaminharam para fora da sala. Assim que os colocaram sobre cadeiras, providenciamos um copo de água para cada e eu voltei para a porta da sala, coloquei a cabeça para dentro e perguntei: "Mais alguém?".

Rolou um riso meio constrangido entre os colegas. Creio que talvez houvesse mais alguém passando mal, mas muitos aguentaram para não saírem carregados.

---

enciclopédia livre. [São Francisco, CA: Fundação Wikimedia], 2017. https://pt.wikipedia.org/wiki/Filme_snuff.

O SÓTÃO

Em uma época da minha vida, eu assistia a filmes de terror com certa frequência. Depois de um tempo, acabei cansando do gênero e hoje em dia prefiro coisas mais leves. Acho que já vejo muito terror no meu trabalho e por isso prefiro evitar o tema. Claro que abro uma exceção quando algum filme de terror é muito elogiado. Só não suporto filme que se baseia praticamente em dar sustos, o que é algo apelativo, na minha opinião. Comparo como se, em uma comédia, alguém viesse lhe fazer cócegas para rir.

Mas, naquela época, eu ainda me aventurava mais no gênero. Havia pouco tempo eu assistira a um filme espanhol chamado *REC*, no estilo *found footage*, em que uma equipe de televisão está fazendo uma reportagem acompanhando uma equipe de bombeiros quando, imprevisivelmente, estoura uma contaminação em um prédio que precisa ser isolado. Logo as pessoas começam a se comportar de forma irracional, agindo como zumbis e atacando aqueles que ainda estão sãos. Em determinado momento, a equipe está em um local completamente escuro e precisa contar com a visão noturna da câmera para se locomover. Uma das partes que precisam explorar é um sótão. O protagonista empurra a câmera em direção ao sótão e uma cena rápida mostra um zumbi atacando-a e derrubando-a, deixando o espectador sem entender direito o que acontecera.

Não pretendo dar mais *spoilers* do filme, mas precisava situar a cena para fazer referência ao que aconteceu comigo. Já adianto que não foi nada sobrenatural, pois até onde pude comprovar, coisas do tipo não existem.

Era madrugada – as coisas mais bizarras acontecem na madrugada – e fomos acionados para examinar um local de homicídio dentro de uma residência. Lembro que ficava próximo de onde meus pais moravam, pois pensei em passar na casa deles para pegar um cobertor emprestado, porque a madrugada estava com temperaturas muito baixas e enquanto eu estava na base, aguardando ser chamado, estava passando frio. Acabei optando por não acordar meus pais naquele horário.

Segui para o local a ser examinado; sabia que os exames que faria poderiam me aquecer, pois não raro preciso fazer alguns exercícios físicos no local, como subir em árvores, pular janelas, coletar 50 estojos no chão etc.

Era uma casa de condições medianas, térrea, com um gramado no pátio anterior e um muro de alvenaria delimitando o terreno da via pública. O portão inserido do muro já estava aberto, assim como a porta da frente da casa. Ali já se encontravam alguns policiais que nos passaram um breve histórico. A princípio, a vítima residia temporariamente naquela casa, onde traficava drogas. Segundo os policiais, seria possível que encontrássemos algum tipo de mercadoria ilícita ou dinheiro. Por sorte, era uma casa pequena, pois sabia que teria que revirar o local. O cadáver estava na sala/cozinha, local que era acessado pela porta da frente. Diversos estojos estavam espalhados pelo piso do recinto. Muitos estudos apontam para a impossibilidade de determinar a posição do atirador baseado exclusivamente na posição dos estojos. O formato destes elementos facilita a dispersão, principalmente em piso regular e liso.

Fatores como design da arma de fogo, condição da mesma, tipo de munição, posição em que ela é segurada quando efetuados os disparos, movimento da arma de fogo e do atirador durante os disparos, modo de acionamento do gatilho como, onde e quão firmemente a arma de fogo é mantida durante o disparo podem afetar a posição dos estojos após deflagrados[21].

Muitas armas irão ejetar trinta estojos para a direita, mas lançarão o trigésimo primeiro para a frente. Alguns estojos pousam nas proximidades, enquanto outros se afastam. Os vestígios são movidos em cenas de crime. Assim como informações em relação ao tamanho do orifício do projétil, os padrões de ejeção são apenas para estimativas aproximadas[22].

---

[21] Lewisnki, W, et al, *Fired cartridge case ejection patterns from semi-automatic firearms*. ISJ, V. 2, n. 3, november 2010.

[22] Garrison, D. H. *Practical Shooting Scene Investigation: The Investigation and Reconstruction of Crime Scenes Involving Gunfire*. Boca Raton, FL:Universal Publishers/uPUBLISH.com, 2003.

É comum, nos locais fechados, encontrarmos os estojos junto das paredes. Também é muito comum indivíduos desavisados chutarem estes elementos; por isso, a importância do isolamento. Além deles, a presença de sangue é um fator comum nos locais de morte violenta. Por vezes, os elementos de munição, tanto os estojos como os projéteis, ficam imersos nas manchas de sangue acumuladas. Este assunto já gerou um debate entre os peritos criminais da seção de balística e os peritos do plantão de local de morte. Os elementos de munição, quando são coletados, são acondicionados nos sacos de custódia. O material plástico dos sacos impede que ocorra troca de ar, então se os vestígios estiverem impregnados com sangue, o cheiro ali dentro não é muito agradável. Os peritos da balística solicitam que os peritos de local de crime lavem os projéteis antes de acondicioná-los nas embalagens. O problema é que nem sempre temos torneiras ou qualquer tipo de meio que nos permita lavar os elementos no local de crime. Na falta disso, acabamos tendo de acondicionar os vestígios do jeito que foram encontrados.

Naquele local não foi muito diferente. Alguns estojos estavam nas poças de sangue. Porém, havia água encanada no local, o que permitiu que eu lavasse os elementos de munição. Já existem técnicas papiloscópicas que conseguem revelar impressões digitais em estojos que não se encontram com sangue em sua superfície.

O cadáver vestia muitas roupas, as quais sempre precisamos citar e descrever no laudo, assim como se as perfurações estão em localização compatíveis com as lesões no corpo. A presença de muitas roupas dificulta um pouco esta análise. No caso em tela, um dos projéteis ficou preso no blusão de lã que o cadáver vestia e não chegou no corpo. A vítima não teve a mesma sorte com os outros 6 projéteis. Depois de coletados os elementos de munição e liberado o cadáver, iniciei os exames no local. Precisava descobrir se havia, ali, algum elemento que indicasse que ocorria tráfico de drogas na residência.

Na aula inaugural do curso de formação de servidores do IGP, em 2009, o renomado perito criminal Domingos Tochetto, entre suas várias orientações, eu lembro claramente de uma que ele citou: "olhem para cima... podem ter vestígios importantes que foram lançados ali". Quando ele disse isso, referiu-se muito a manchas de sangue do tipo *cast-off*, principalmente quando são lançadas de instrumentos contundentes longos.

Os perfis de manchas de sangue denominados cast-off *são aqueles que se originam de gotas de sangue que se dissociam de um objeto contendo sangue. Este objeto se movimenta no meio circundante e, devido a esta força de movimentação, consegue dissociar parte do sangue impregnado em seu corpo. Este sangue dissociado perfaz um voo livre em formato de gotas até atingir uma dada superfície*[23].

Mas, naquele local, não foi isso que eu vi e sim, uma pequena abertura, tampada com madeira, que conduzia para um sótão. Encostada na parede da cozinha, havia uma escada, que possivelmente havia sido usada recentemente.

Posicionei a escada sob a abertura e comecei a subir. Imediatamente vieram à minha cabeça as cenas do filme

---

[23] Canelas Neto, A. A. *Perfis de mancha de sangue: do local de crime à elaboração do laudo*. São Paulo: Lura Editorial, 2017.

REC, principalmente a parte em que colocam a câmera na abertura do sótão. Parei por alguns segundos para lembrar que era apenas um filme; obviamente não haveria nenhum zumbi ensandecido esperando eu subir a portinhola do sótão. Mas nada tirava outras possibilidades da minha cabeça: ratos, morcegos, gambás, meliantes escondidos. Entretanto, eu tinha consciência que nada disso iria me impedir de fazer o meu trabalho. Acionei a lanterna na cabeça e fui levantando a portinhola devagar. Mas um dos colegas que segurava a escada gritou, impaciente: "Por que tá demorando tanto?". Assustei-me e quase me desequilibrei enquanto proferia impropérios ao colega. Recompus-me e voltei à abertura do sótão. Decidi levantar a tampa em um movimento rápido para resolver aquilo logo. No fim, não havia zumbi, ratos, morcegos, gambás etc. Apenas algumas baratas – algo extremamente comum nos locais que examinamos – e aquilo que procurava: um saco plástico contendo um pó branco, que foi coletado e encaminhado para exames no laboratório de perícias, que confirmou: era cocaína.

FURTO

Era outro caso de suicídio no centro de Porto Alegre. Sempre aponto que os suicídios devem ser estudados da forma mais restrita possível, considerando a questão geográfica. De acordo com a mentalidade da sociedade de cada região, os valores individuais mudam. Como o suicídio é multifatorial, as motivações variam.

O suicídio é uma questão tão ampla e complexa que, quanto mais se estuda, mais distante se está de uma conclusão. Segundo Werlang e Botega (2004, p. 113), "Tentativas de suicídio devem ser encaradas com seriedade, como um sinal de alerta, revelando a atuação de fenômenos psicossociais complexos". Dessa maneira, pode-se apontar que o suicídio apresenta caráter multifatorial, indo além de uma única justificativa, exigindo daquele que o estuda a compreensão de todas as variáveis de maneira aprofundada.

[...] o ato suicida exitoso se constitui no evento final de uma complexa rede de fatores que foram interagindo durante a vida do indivíduo, de formas variadas, peculiares e imprevisíveis. Dessa complexidade fazem parte fatores genéticos, biológicos, psicológicos (com ênfase nas primeiras experiências vitais), sociais, históricos e culturais. (Werlang & Botega, 2004, p. 27)

O suicídio é marcado por uma ambivalência entre o desejo de viver e o desejo de acabar com a dor, a impulsividade do ato ou tentativa e a rigidez de pensamento, já que a pessoa não encontra outra saída para seus problemas.

...

Ele é multifatorial, então terão influências culturais, econômicas, sociais, psiquiátricas, psicológicas dentro da característica do comportamento suicida[24].

Cada parcela da sociedade tem seus valores sociais, econômicos, educacionais e comportamentais diferenciados, mesmo que minimamente. São tantos fatores que é impossível enumerá-los. Na questão do método, existe um detalhe que diferencia os suicídios das grandes cidades dos que acontecem nas pequenas. É comum ocorrerem muitas ocorrências nos bairros mais urbanizados. E o método escolhido é o suicídio por precipitação, que é comum em locais que tenham prédios mais altos, como nas áreas centrais dos municípios mais urbanizados. Esta realidade precisa de uma leitura mais perspicaz, pois na letra fria, poder-se-ia pensar que os habitantes desta região cometem mais suicídios que os de outros bairros. Porém,

---

[24] Fukumitsu, Karina Okajima et al. *Posvenção: uma nova perspectiva para o suicídio.* Revista Brasileira de Psicologia, 02(02), Salvador, Bahia, 2015.

a presença de prédios de fácil acesso, da administração pública, por exemplo, atrai moradores de outros bairros que não residem em edificações altas. Em suma, existem casos de pessoas que se deslocam de sua própria residência para cometer suicídio por precipitação em um prédio alto do centro da cidade. Haveria muito o que discorrer sobre isso, ainda mais considerando que a maioria absoluta dos suicídios ocorre na própria residência, mais especificamente, no próprio quarto.

Em relação às características clinicoepidemiológicas, achamos que a própria casa foi o lugar de suicídio mais predominante (51%), seguido pelo suicídio em hospital (26,1%)[25].

Estudos apontam que a maioria absoluta dos suicídios ocorre dentro da própria residência do indivíduo. Os cômodos mais utilizados são o próprio quarto e o banheiro[26].

Existem muitos casos de suicídios em hospitais nos quais as vítimas estão internadas ou até mesmo de funcionários do estabelecimento. Um exemplo que presenciei há alguns anos não se encaixava em nenhum destes cenários. A vítima havia ido ao hospital e cometido suicídio por arma de fogo em um banheiro da sala de espera. Junto dela havia um bilhete de despedida onde expressava o desejo de que seus órgãos fossem destinados à doação. Infelizmente, não

---

[25] Lovisi GM et al. *Análise epidemiológica do suicídio no Brasil entre 1980 e 2006.* Rev. Bras. Psiquiatr. 2009; 31(Supl II):S86-94.

[26] Karlsson T. *Homicidal and suicidal sharp force fatalities in Stockholm, Sweden.* Orientation of entrance wounds in stabs gives information in the classification. Forensic Sci Int. 1998; 93: 21-32.

foi possível atender a sua vontade, pois pela lei brasileira a doação de órgãos só é permitida a retirada em uma situação chamada morte encefálica, em que as funções do corpo são mantidas temporariamente de modo artificial por equipamentos. Neste caso, houve a parada de todos os órgãos. Em casos de suicídio premeditado, o autor pode até visitar o local anteriormente para avaliar a questão de acesso e altura.

Era uma morte causada por precipitação de uma jovem estudante. Na mochila, que ficara no terraço do prédio, havia uma declaração de despedida, em uma folha de um caderno. A folha não havia sido arrancada. Ali ela relatava, dentre outras coisas, que tinha dois aparelhos de telefonia celular e indicava para quem cada um deles deveria ficar como "herança". Porém, na mochila, havia apenas um, cujo modelo era bem antigo. Vasculhamos o local e não encontramos o outro aparelho, que também não estava junto ao corpo. Perguntei para os agentes responsáveis pelo guarnecimento do local quem mais havia estado ali e eles informaram que os zeladores do prédio haviam encontrado os pertences da suicida. No aparelho celular que encontramos havia o número do outro telefone, então resolvemos ligar. Mas, antes, combinamos que alguém da nossa equipe ficaria na recepção junto dos zeladores, pois nossa suspeita é que algum deles pudesse ter pegado o aparelho. Nada mais óbvio que escolher o perito André Viegas Jacques, que é nada menos que campeão de levantamento de peso e que acompanhava o local, pois estava em treinamento para trabalhar no setor. Vocês podem imaginar a cena.

Liguei para o aparelho e ele tocou no bolso de um dos zeladores. Nas palavras do perito que estava junto dele: o cara ficou lívido e "desmoronou". Logo começou a inventar mil desculpas para ter pego o celular. Mas nada altera o fato de que ele furtou de uma pessoa que recém cometera suicídio. Neste telefone, havia imagens do alto de outros prédios. Parecia que ela estava escolhendo o lugar de onde pular, confirmando a questão da premeditação.

Relatei no livro anterior que atendi um caso que o histórico inicial da ocorrência era que havia ocorrido, supostamente, um homicídio. Tratava-se de um indivíduo masculino, dentro de um veículo, com um tiro na cabeça. O orifício de entrada estava na região temporal esquerda e o de saída na região temporal direita. Não havia dúvidas disso, pois na entrada havia o sinal de Puppe-Werkgartner e a saída estava estrelada, assim como é ensinado nos livros. Todas estas características da lesão foram corroboradas pelo laudo do perito médico-legista. Havia vários vestígios psicológicos e físicos que me levaram a acreditar que se tratava de um suicídio, apesar da ausência da arma de fogo no local. Mas isto era facilmente explicado porque se tratava de um local aberto e o armamento poderia ter sido furtado por um transeunte. Algumas pessoas se surpreenderiam com o fato de alguém ter furtado de um cadáver. Mas, os meus 15 anos trabalhando com perícia criminal me ensinaram que isso não só era possível, mas também muito provável. Eu explico no laudo que aquela era uma hipótese possível. As pessoas roubam dos vivos e também dos mortos. Por esses e outros motivos que existe cadeado no portão dos cemitérios. Em pelo menos mais outras duas ocasiões eu lidei com algo semelhante, que envolvia subtração de itens de cadáver.

Este foi um caso que eu me dei por satisfeito pela análise dos vestígios no local, apesar da suspeita inicial de homicídio. Por isso, me surpreendi quando soube que a família havia registrado um boletim de ocorrência com suspeita de homicídio, influenciada pelo relato do agente funerário que era responsável pelo preparo do corpo. Segundo este, o orifício de entrada era à direita, o que seria incompatível com suicídio, pois a vítima era canhota.

Penso no mal que uma pessoa mal informada pode causar. Não sei se o agente funerário fez aquela alegação por desconhecimento ou por má-fé. Mas seu ato foi muito imprudente ao levantar tal hipótese a uma família enlutada, ainda mais em um caso de suicídio. Este tipo de morte geralmente é difícil de aceitar, o que faz, muitas vezes, os familiares se agarrarem a qualquer outra hipótese, por mais absurda que seja.

No fim, o Ministério Público arquivou o caso, baseado nos exames periciais que demonstravam claramente que se tratava de um suicídio, baseado em análises técnicas e científicas.

A REALIDADE

Eu sempre falo sobre isso nas redes sociais, mas, ainda assim, algumas pessoas tem uma visão deturpada de como é o trabalho da perícia criminal. Não há o glamour do *CSI Las Vegas*, os recursos do *Criminal Minds* ou os personagens do *Dexter*. A realidade é bem mais feia e crua. Uma cena bem comum na perícia criminal é o exame de um local de morte em péssimas condições de luminosidade e com infraestrutura urbana precária. A maior parte dos homicídios está ligada ao tráfico de drogas e por isso ocorre nas áreas mais pobres das cidades. Tratam-se de locais em bairros em que moram pessoas de baixa renda, que pouco acesso têm aos recursos urbanos. Falta de água e de luz são situações comuns nestas regiões; assim como ter um corpo deformado por lesões de tiro na rua em frente à sua casa. Além de enfrentar todos os percalços pela precariedade dos recursos urbanos, precisam lidar ainda com a criminalidade que bate em sua porta e vive no seu quintal.

Nas séries e filmes, todos os assassinatos têm algum motivo especial, um mistério a ser resolvido, um autor a ser descoberto. Na realidade, os motivos são bem mais banais: a vítima devia R$ 5,00 para o traficante, ou estava no lugar errado, na hora errada, ou simplesmente olhou para alguém que não devia. A vida vale muito pouco para algumas pessoas.

E o valor da vida é tão baixo que muitos ainda se prestam a se deslocar de sua casa para ficar horas acompanhando um local de crime. De madrugada, no frio ou sob chuva, independente da localização ou das condições meteorológicas, sempre há várias pessoas em torno da área isolada. Todas querem ver o morto. Algumas trazem cadeiras de praia para acompanhar nosso trabalho de forma mais confortável. Outras trazem os filhos pequenos, de colo; parece que é mais importante ver o morto do que cuidar do vivo.

Geralmente eu não interajo com as pessoas no entorno; no máximo, solicito, sempre educadamente – na primeira vez –, que se afastem do local para podermos fazer o trabalho. Na segunda tentativa, aumento um pouco o tom de voz, sempre de forma educada, mas séria. Na maioria das vezes, as pessoas são solícitas, algumas querem até ajudar. Certa vez, um grupo de meninos falou que tinha juntado os estojos do local e me entregaram todos dentro de um saco plástico de supermercado. Agradeci o empenho, mas orientei que não fizessem novamente, pois aquilo prejudicaria nosso trabalho.

Em outra ocasião, enquanto amarrava as fitas de isolamento em um poste para aumentar a área isolada, uma criança de aproximadamente 8 anos de idade chegou ao meu lado e confessou:

– Ô, tio, eu quero ser polícia, tá? Não gosto de bandido.

Aquilo me pegou desprevenido de certa forma. Sempre que estou examinando locais de morte, tento ser o mais racional possível, evitando que qualquer emoção possa atrapalhar o meu trabalho. Mas aquela declaração saiu de uma forma tão natural que não pude evitar de cumprimentar o garoto.

Em outra ocasião, a declaração de um garoto de 13 anos me fez estremecer.

Fomos chamados para examinar um local de suicídio de um homem adulto. A viatura chegou até a entrada de um beco e os policiais que ali faziam o guarnecimento falaram que era preciso subir uma ladeira de aproximadamente 150 metros morro acima para chegar ao local. Era uma viela escura, em meio à madrugada, que conduzia a diversas edificações. Perguntei se era fácil de achar o local e responderam que sim. Mas, ainda assim, um garoto que se encontrava ali perto se propôs a nos conduzir até lá. Durante a caminhada, o garoto não parava de falar coisas relacionadas ao acontecimento, inclusive sobre o celular da vítima que havia desaparecido. Em determinado momento ele até soltou uma breve risada sobre uma situação que ele contou e achou engraçada. Questionei se ele conhecia a vítima para saber sobre esses detalhes. Ao que ele respondeu:

– É meu pai.

Aquilo me atingiu de uma forma que eu não soube reagir. Confesso que depois que nasceu meu filho, me tornei mais sensível para algumas coisas. E a forma como aquele garoto estava relatando tudo aquilo, tão naturalmente, achando até graça, foi de certa forma chocante para mim.

Não sei que tipo de relação ele tinha com o pai, mas presumo que não fosse das melhores. Quando chegamos no local, compreendi um pouco a situação. Foi uma das piores residências que já vi na vida, isso que em 15 anos trabalhando com perícia criminal, eu já vi muitas casas ruins. Não havia quase móveis na casa, objetos como roupas, panelas e utensílios domésticos eram jogados aos cantos. No dormitório onde ocorreu o suicídio havia uma cama improvisada com caixotes, sobre os quais estava um colchão que talvez um dia teve a coloração branca, mas no momento apresentava-se com um misto de preto, marrom e amarelo. O cheiro no local era muito semelhante com outros locais que fui: o cheiro típico da miséria. Saber que as pessoas vivem naquela situação ainda me perturba.

Meus exames nestes locais podem levar algumas horas, que já são suficientes para eu não me sentir confortável. São cenários impregnados por sujeira, odores e ódio. Ainda assim, pessoas residem e continuarão residindo ali. Você seria capaz de morar na mesma edificação em que um familiar seu morreu? Dormir na mesma cama em que ele cometeu suicídio? Algumas pessoas não têm opção. Perturba-me saber que os seres humanos são capazes de se adaptar a determinadas situações. O quão ainda existe de homem ali e o quanto já começou a ser como um animal que é capaz de dormir nas próprias fezes? Em nossa bolha, estamos acostumados com roupas limpas, água quente no chuveiro, pelo menos três refeições por dia, cama com colchão, paredes pintadas e ambientes secos. Apenas de termos tudo isso, já somos privilegiados e, muitas vezes, nem sabemos.

Ainda que eu esteja acostumado com a morte, a situação dos vivos me preocupa.

CHOCANTE

O clima de um local de morte, seja suicídio ou homicídio, geralmente é tenso. Nestes casos, alguém perdeu uma vida ao mesmo tempo que alguém perdeu um parente ou ente querido. Quando se trata de morte relacionada ao tráfico, dependendo da localidade, o clima fica mais tenso ainda, pois ficamos expostos a ameaças e perigos.

Fui examinar um local de suspeita de homicídio em uma cidade próxima da capital, que era famosa pelos altos índices de violência. O bairro era uma área de disputa de traficantes. Chegando lá, percebi que as viaturas estavam dentro do isolamento, algo que sempre orientamos a não ser feito, pois pode prejudicar os vestígios. Comentei isso com um dos colegas que estava guarnecendo o local e ele respondeu:

– Sabe como é aqui. Se deixarmos as viaturas fora, é capaz de elas nem estarem mais lá quando voltarmos.

Isso mostra um pouco da situação da dita cidade e do local. Aglomerados juntos à fita de isolamento, como de praxe, dezenas de pessoas acompanhavam nosso trabalho. Não sabemos a história de cada um que nos acompanha: se eles estão ali por mera curiosidade ou buscando informações sobre o caso. Aquela frase clássica de que o autor sempre volta ao local do crime não é totalmente inverídica. Existem casos em que os meliantes se infiltram entre os curiosos para acompanhar o trabalho da perícia e da investigação e, quando conseguem, atrapalhar os exames.

A situação não era das mais tranquilas. A vítima estava em frente a um estabelecimento comercial, em decúbito ventral. Um pano branco cobria o corpo. Retirei-o e iniciei os exames. Pude contar oito orifícios de entrada na região posterior da cabeça. Diversos estojos componentes de munição de arma de fogo estavam espalhados sobre a calçada e a via pública no entorno da vítima. Após examinar e liberar o cadáver, fui fazer o mesmo em um veículo que estava envolvido na ocorrência e estacionado próximo ao local, mas fora da área isolada. Minha lanterna estava fraca e avisei o policial que eu ia na nossa viatura pegar pilhas novas. Ele ofereceu sua lanterna e ainda fez uma boa propaganda.

– Usa essa lanterna aqui, olha que legal. Além de ela ser forte ainda tem, do outro lado, um *taser*. Com um lado tu ilumina, com o outro tu dá choque.

Agradeci a oferta, mas falei que preferia usar meu próprio material e que não demoraria a retornar. Enquanto fazia o procedimento de troca das pilhas, ouvi o policial mostrando a lanterna para outros colegas.

Retomei o trabalho e comecei a analisar o carro. Exames em veículos que estão em via pública não são fáceis de serem realizados, ainda mais com o público acompanhando. O ideal é que o carro seja recolhido a um depósito para depois ser examinado com mais calma. Porém, o procedimento de recolhimento do veículo pode fazer com que alguns vestígios se percam. Quando possível, opto por fazer o exame no próprio local do fato, se as condições de visibilidade e luminosidade permitirem.

Eu já havia examinado o bagageiro e estava dentro do habitáculo do veículo, quando escutei um grito de agonia e um estalo próximo ao veículo, do lado de fora. Joguei-me de dentro do carro para a rua, da melhor forma que uma pessoa usando um pesado colete balístico e segurando lanterna, caneta e prancheta poderia fazer. Obviamente caí estendido no chão enquanto minha lanterna e caneta rolavam rua abaixo. Ainda estava caído no chão, tentando entender o que havia acontecido quando o colega policial olhou para mim assustado e falou:

– Eu levei um choque da minha lanterna.

COMIDA

Enquanto não estamos examinando algum local de crime no nosso dia de plantão, ficamos na base aguardando o chamado da polícia. Neste tempo, ficamos expostos às relações sociais como em qualquer outro ambiente de trabalho. Claro que, algumas situações que ocorrem no ambiente da perícia criminal não ocorreriam em um escritório de contabilidade, por exemplo.

É comum em recintos de trabalho que contam com cozinha e geladeira compartilhada que o alimento de uma pessoa seja consumido por outra por engano ou má-fé. O mesmo ocorre no nosso ambiente. Porém, alguns detalhes periciais tornam este acontecimento peculiar.

Havia um servidor que era famoso por sempre comer o lanche alheio. Não havia etiqueta em marmita que o impedisse. Mesmo sendo confrontado, ele dava uma desculpa e acabava se safando. Até que um dia, outro colega, cansado de ter sua comida roubada, resolveu se vingar. Ele pediu uma pizza para jantar e sobraram duas fatias, as quais ele deixou dentro da própria embalagem e dentro da geladeira da cozinha. Colocou um bilhete com o desenho de uma caveira em cima da caixa, com os dizeres "NÃO COMA". Poucos minutos depois ele saiu para um atendimento. O famigerado colega comilão retornou de um exame em local e foi direto abrir a geladeira. Viu a caixa com a pizza e não pensou duas vezes; liquidou as fatias que sobravam. Ainda teve a indecência de deixar a caixa vazia dentro da geladeira. Quando o colega dono da pizza voltou, foi direto para a geladeira, apenas para ver que a caixa da pizza estava vazia. Pegou a embalagem e foi até a área social onde estava o colega comilão e outras pessoas e o interpelou:

– Fulano, tu comeu a pizza que tava aqui?

– Ô, perito, comi sim. Achei que não era de ninguém.

– Você não viu o bilhete que deixei em cima?

– Não.

– Então veja – e mostrou o bilhete. Essa pizza eu trouxe de um local onde a pessoa morreu por envenenamento. Há suspeita que ela tinha veneno de rato. Tive que colocá-la aqui porque não coube na geladeira de amostras e por isso deixei esse bilhete.

Óbvio que a história da pizza envenenada era mentira, foi apenas uma forma do colega se vingar. Mas ele não imaginou as consequências disso. Logo o colega comilão afirmou que estava passando mal. Por um momento, todos que sabiam da brincadeira riram. Porém, a situação começou a ficar séria, pois ele afirmava que estava tendo um infarto. Trataram de falar a verdade para tentar acalmá-lo.

Mas era tarde demais. A noite acabou com o perito comilão tendo que ser encaminhado ao Hospital de Pronto Socorro.

A relação entre perícia criminal e comida não se resume a um trote entre colegas. Em diversos locais que examinamos, ela se faz presente. Por vezes, temos que considerá-la um vestígio verdadeiro e coletá-la. Examinei um local em que havia ocorrido um triplo homicídio dentro de uma cozinha enquanto as vítimas jantavam. A panela de feijão emborcou no chão com a movimentação e os grãos se misturavam aos elementos de munição. Por vezes coletava um feijão achando que era algo relevante. Novamente, tenho que me referir ao cheiro. Como fiquei algumas horas dentro daquele recinto catando vestígios, o cheiro de feijão se tornou enjoativo para mim por alguns dias.

Em outra ocasião, um doce de abóbora causou uma morte. E não foi por sufocação direta.

Sufocação direta por oclusão das vias respiratórias: Acontece na obstrução dos condutos aéreos por corpos estranhos, impedindo a passagem do ar até os pulmões. É mais frequente nos acidentes, mais rara no suicídio e mais difícil no homicídio[27].

Era um local de homicídio por arma de fogo. A vítima estava em uma motocicleta quando foi alvejada por tiros. Ela portava uma mochila nas costas. Os autores do disparo tentaram levá-la, mas logo foram impedidos por policiais

---

[27] França, Genival Veloso de. *Medicina Legal*. 11. ed. Rio de Janeiro: Guanabara Koogan, 2017.

militares que passavam na área. O local foi isolado e fomos acionados. Quando cheguei no local, o delegado me informou que a vítima teria sido morta por traficantes rivais e que, possivelmente, dentro da mochila, havia muitas drogas. Fiquei imaginando o trabalho que daria relatar tudo que havia dentro daquela mochila. Depois de realizar os exames, retirei a mochila do cadáver e levei-a até a parte de trás da nossa viatura para fazer a contagem da droga. A mochila estava pesada e quando a abri, encontrei apenas um pote grande de vidro com doce de abóbora. Ainda me prestei a abrir o pote e derramar seu conteúdo e procurar para ver se havia alguma embalagem escondida, mas nada encontrei. Um dos curiosos que estava no local ainda comentou: "Que desperdício". Novamente associei o cheiro do doce de abóbora ao local de morte e fiquei algum tempo afastado desta sobremesa.

CAFÉ

Era mais um exame comum naquele dia: local de homicídio por arma de fogo em via pública. Duas vítimas, uma dentro de um veículo e outra sobre a via pública, distante aproximadamente cento e cinquenta metros a sudeste do carro. Pelas perfurações na lataria e no para-brisas foi possível definir toda a dinâmica do evento: o atirador chegara pela frente do veículo mirando no condutor, que recebeu uma grande quantidade de disparos. O indivíduo que estava no carona havia levado um tiro que, pelas perfurações no para-brisa, deveriam ter lhe acertado na altura do estômago. Consegui chegar a essa dedução, pois havia uma perfuração no setor direito do para-brisa que não apresentava nenhum dano no banco dianteiro direito onde deveria ter, considerando uma trajetória retilínea. As falhas nas manchas de sangue no banco dianteiro direito também indicavam a presença de um indivíduo naquele local nos momentos iniciais. As lesões e as manchas de sangue presentes no segundo cadáver indicavam que ele estava dentro do veículo quando recebeu o primeiro tiro. Através de lógica, dedução e conhecimentos criminalísticos é possível reconstruir algumas cenas de crime. Porém, a preservação e o isolamento do local são essenciais. Neste caso, talvez muito mais poderia ser dito se a área de preservação fosse maior. As fitas de isolamento estavam há poucos metros do veículo. Diversos elementos de munição estavam sobre a via. Em um local junto ao meio-fio, havia 12 estojos juntos, o que indicava que haviam sido colocados ali por alguém – informação confirmada por um dos agentes que fazia o isolamento: "o pessoal quis ajudar e juntou os estojos". No limite da área era possível ver manchas de sangue e outros elementos de munição. Solicitei que ela fosse ampliada, mas a quantidade de curiosos junto às fitas me fez pensar que qualquer vestígio que estivesse fora dali já estaria comprometido. O local do segundo cadáver também estava precariamente isolado. O correto seria manter toda a via pública entre os dois locais guarnecida, mas raramente se tem material e policiais suficientes para tamanha área. Ainda assim, o CPP (Código de Processo Penal) nos obriga a examinar os locais alterados e ainda fazer considerações sobre as consequências das alterações:

Art. 169. Para o efeito de exame do local onde houver sido praticada a infração, a autoridade providenciará imediatamente para que não se altere o estado das coisas até a chegada dos peritos, que poderão instruir seus laudos com fotografias, desenhos ou esquemas elucidativos.
Parágrafo único. Os peritos registrarão, no laudo, as alterações do estado das coisas e discutirão, no relatório, as consequências dessas alterações na dinâmica dos fatos.

Acho uma decisão acertada do legislador, do contrário, seria muito fácil impedir uma perícia apenas alegando que se trata de local alterado. Afinal, sabemos que raramente existem locais que se mantém idôneos logo após a ocorrência do crime. Há muita ação de populares, ainda mais quando se trata de espaço aberto e em via pública. Porém, algumas alterações feitas não são fáceis de serem identificadas.

A quantidade de curiosos era enorme no local. Estávamos cercados. Havia tanta gente que em certo momento vi até um pipoqueiro no meio da multidão vendendo seu produto. Devia ele estar em algum ponto perto, viu a movimentação e decidiu que o local de crime seria um ponto de venda melhor. Logo, vários curiosos estavam munidos de pacotes de pipoca enquanto acompanhavam a perícia.

Além dos problemas, eu precisava me concentrar no que poderia interpretar dos vestígios. Algo sobre o qual as pessoas não refletem muito é a infinidade de tipos de vestígios presentes nos locais de crime. Além daqueles usuais típicos de cada crime – os estojos, os projéteis, o sangue, a arma – ainda existem aqueles vestígios comuns que podem ou não estarem ligados ao crime (já expliquei a diferença entre os vestígios ilusórios, verdadeiros e forjados no livro anterior). Com o "radar" para vestígios ligados, percebi que havia uma mancha de líquido escuro sobre a via pública junto à porta dianteira esquerda do veículo. A mancha não tinha a aparência típica de sangue, comum neste tipo de local. Tampouco a consistência e o cheiro de sangue (já citei anteriormente que tento sentir o odor de algumas coisas no local de crime e me arrependo 99% das vezes). Mas desta vez, o cheiro não era desagradável e logo consegui identificá-lo: café. Vi que junto do meio-fio havia uma xícara quebrada. Considerando que o freio de estacionamento do veículo estava acionado e a alavanca do câmbio estava em ponto morto, o que indicava que o carro estava estacionado, deduzi que havia uma testemunha ocular do crime. Alguém estaria tomando café em uma xícara junto ao carro, possivelmente conversando com o motorista, quando ocorreram os tiros. O fato de esta pessoa ter sobrevivido indica que os alvos eram somente os ocupantes do veículo. Repassei o fato aos policiais que rapidamente descobriram quem estava ali e o convocaram para ter seu depoimento coletado.

E para finalizar, havia ainda um fato sinistro. Durante os exames, compareceu no local uma mulher que alegava ser namorada de uma das vítimas. Ela trazia alguns documentos junto de uma declaração da vítima que expressava o desejo de que seu corpo, em caso de morte, fosse doado para estudos. Nesta declaração havia a data em que foi assinada, poucos dias antes do crime ocorrido. Saberia ele que estava com os dias contados? Certamente esses detalhes ficam para os investigadores da polícia civil.

O que muitas pessoas não sabem é que peritos criminais raramente "resolvem" o caso. Nosso dever é analisar o exame do local do crime para então ajudar a direcionar a investigação. Existem fatores que somente poderão ser resolvidos com investigações posteriores. Mas toda investigação tem seu início após os exames iniciais dos vestígios do crime.

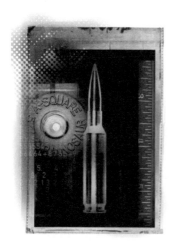

15 MINUTOS DE FAMA

Por um tempo, fiquei afastado dos exames de local de crime, pois assumi um cargo junto à diretoria do IGP. Uma das minhas tarefas era fazer um monitoramento da segurança orgânica, ou seja, controlar o acesso a informações sensíveis do órgão. Nesta época, o IGP foi convidado a ceder servidores para fazer parte de uma série televisiva. Fui convocado pelo Diretor do IGP a acompanhar as gravações.

As equipes do IGP apareceriam em duas cenas: em um local onde teria ocorrido um acidente aéreo e posteriormente em um exame em local fechado. Fui designado para acompanhar as filmagens do acidente aéreo.

O protagonista chegava no local no momento em que a equipe pericial fazia os exames e recolhia o cadáver. Aparecia a equipe da remoção fazendo a coleta do cadáver já no saco branco, colocando-o na bandeja e posteriormente dentro do rabecão. Para simular a presença do cadáver dentro do saco foram colocados tecidos e papéis, porém, não estava nada fiel à realidade. Sugeri que alguém se dispusesse a ficar dentro do saco. Muitos gostaram da ideia, pois daria um tom de realidade à cena. Gostaram tanto que sugeriram que eu, que havia dado a ideia, fizesse esse papel. Respirei fundo e aceitei a tarefa. Pedi apenas que me garantissem que aquele saco não havia sido usado para transportar cadáver anteriormente.

Entrei no saco, fecharam o zíper e me deixaram no chão. Os dois colegas da remoção, Jonas e Joel, levantaram e colocaram-me na bandeja. Porém, erraram a mira e acabei batendo com as costas na borda dela. Não consegui segurar um pequeno murmúrio de dor, o que foi suficiente para toda equipe caísse na risada. E eu seguia dentro do saco.

Claro que no meu parco conhecimento sobre bastidores de cinema, não sabia que raramente é feita apenas uma tomada de cada cena. Foram várias vezes em que tive que ser transportado do chão para a bandeja e da bandeja para o rabecão, dentro do saco. Era nítido o cansaço dos colegas que precisavam me carregar, os modos pareciam cada vez mais realistas: parecia realmente que estavam transportando um cadáver que não se importaria de ser jogado de um lado para o outro. Em determinado momento, ao ser colocado no rabecão, a bandeja foi inclinada com meus pés para cima, fazendo com que eu escorregasse e ficasse apoiado pela cabeça, com o corpo em um ângulo de $45°$. Ainda bem que logo ouvi falarem que as tomadas feitas já eram suficientes e pude sair do saco e respirar aliviado.

Minha primeira e única participação em uma série foi como um cadáver que nem apareceu.

PEQUENOS DETALHES

Nos institutos de perícia no Brasil, genericamente há uma grande divisão entre os tipos de perícias: externas e internas. As perícias internas englobam todas aquelas feitas dentro dos departamentos e laboratórios, em ambientes controlados e com os peritos realizando exaustivos exames nos vestígios e objetos relacionados aos crimes. As perícias externas, como o próprio nome diz, são aquelas realizadas fora dos departamentos, geralmente no local onde ocorreram os crimes.

A grande vantagem da perícia interna é ter à disposição, pelo tempo que precisar, do objeto examinado, que pode ser analisado e reanalisado tantas vezes quanto sua natureza permitir. Em alguns casos, o elemento se esgota com o exame, o que pode delimitar a quantidade de análises realizadas. Mas, trabalhar em um laboratório, independente do tipo (de balística, de documentoscopia, de DNA etc), traz a vantagem de estar em um ambiente controlado e com diversas ferramentas à sua disposição.

No lado oposto do espectro, temos as perícias externas que geralmente iniciam como um enigma, pois, como já citei anteriormente, não podemos confiar cegamente no que é informado no histórico de solicitação do exame. O perito é acionado para examinar um local de possível homicídio e raramente tem a dimensão do que lhe aguarda no local. É aconselhável sempre levar um grande número de ferramentas e equipamentos que podem acabar nem sendo usados. Além disso, é um exame em que o material sempre se esgota. Terminada a perícia, o local é desfeito e somente poderá ser revisitado através das anotações do perito ou das fotografias. O laudo torna-se, então, a eternização daquele exame e daquele local, o que, claramente, é uma desvantagem. Por melhor que sejam os laudos e as fotografias, eles dificilmente conseguirão reproduzir fielmente tudo que havia no local.

Outro problema, e este também pode ser aplicado, de certa forma, às perícias internas, é ter ficado algum vestígio de fora do exame. Se o perito do local deixou de coletar uma amostra de sangue, um estojo ou qualquer outro vestígio durante seu exame, ele raramente terá a oportunidade de fazê-lo novamente.

Era mais um caso de homicídio por arma de fogo, mas tive a oportunidade de ver quão rápido uma cena de crime é desfeita. O local imediato, onde encontrava-se o cadáver, situava-se em uma edificação de madeira nos fundos de um terreno. Era uma pequena casa, com dois ambientes apenas: uma sala/cozinha e um quarto. No total, não devia medir mais do que doze metros quadrados. A vítima morava sozinha nessa edificação.

Na porção anterior do terreno havia outra edificação, um pouco maior, onde morava uma família, que não tinha nenhuma relação de parentesco com a vítima: era uma relação de locador e locatário sem os devidos trâmites legais. Não lembro exatamente o valor do aluguel, mas era algo ínfimo, às vezes pago com produtos de procedência duvidosa.

O local principal do exame era o dormitório. Para mim, trata-se de um cenário extremamente comum: no quarto, um colchão em péssimo estado de limpeza, sem lençol, as paredes eram de tijolo sem reboco e muito lixo se acumulava sobre o piso. Na cozinha, panelas com sobras de comida que exalavam um odor desagradável. Sempre digo que nos locais de crime, não é sempre que temos que lidar com os odores da putrefação, mas com frequência temos que lidar com o cheiro da miséria. Passar uma noite naquele local, para muitas pessoas, seria algo como um pesadelo. Para outras, seria normal. E ainda, para outras, talvez fosse até um luxo.

O cadáver estava caído sobre o piso, com diversas lesões provocadas por projéteis de arma de fogo. Lembro que um dos tiros havia atingido a região da face de forma tangencial, deixando uma lesão enegrecida e alongada. Consegui coletar alguns estojos e projéteis sobre o piso e determinar a posição dos atiradores e da vítima no momento dos tiros. Terminamos os exames e iniciamos o deslocamento para a base. Porém, um colega da nossa equipe afirmou que tinha esquecido a lanterna no local e pediu para voltarmos. Estávamos quase chegando no departamento e acabamos cedendo aos apelos do colega que afirmava ter gastado muito dinheiro naquela lanterna para perder assim. Embora o local não fosse de fácil acesso, não aparentava ser uma área violenta, o que nos permitiria chegar no local sem apoio da força policial.

Quando chegamos no local, para nossa surpresa, já havia outra pessoa morando ali. Assim como os móveis já haviam sido trocados de lugar. Mas a sujeira permanecia a mesma, com o acréscimo de uma mancha de sangue no piso. A lanterna já havia desaparecido e tentar recuperá-la seria uma tarefa árdua. O colega convenceu-se da dificuldade de reaver seu bem e decidimos finalmente retornar para a base.

Na saída, passamos novamente por dentro da edificação na parte posterior do terreno, no momento em que a família se preparava para jantar. É incrível ver que pessoas com tão pouco ainda se oferecem para compartilhar suas migalhas. O pai da família perguntou se não gostaríamos de partilhar sua humilde refeição. Ao mesmo tempo que existem pessoas de poucas posses, mas de coração nobre, existem aqueles que lhes falta bom senso. Um dos colegas da equipe estava prontamente aceitando o convite para partilhar a minguada refeição quando o puxei pelo braço e arrastei-o para nossa viatura, tentando explicar que não seria muito admirável de sua parte dividir o pouco que aquela família tinha.

Mas tudo isso foi apenas para mostrar a importância de descrever bem os detalhes do exame do local de crime no laudo, pois ele será a eternização daquela área. O próprio CPP aborda isso no artigo 160:

Art. 160. Os peritos elaborarão o laudo pericial, onde descreverão minuciosamente o que examinarem, e responderão aos quesitos formulados.

Outro motivo para que o perito se atenha a uma descrição detalhada é que nunca sabemos se aquele vestígio que não parece importante no momento, pode ter outro significado durante a investigação. Diferente do que muitos pensam, o crime não se "resolve" no exame do local: em muitos casos, serve para direcionar a linha investigativa. A partir dali muitos outros exames e pesquisas deverão ser feitos, principalmente para se determinar a autoria. O exame do local é apenas uma das peças que compõem o inquérito policial. E o perito é apenas um dos muitos servidores que ajudarão nesta engrenagem.

Fui acionado para examinar outro local de homicídio por arma de fogo, mas desta vez, era em local aberto, em um parque. A noite já avançava, fazendo com que a escassez de luz natural dificultasse nosso trabalho. Era um local de exíguos vestígios a serem examinados. A vítima jazia em decúbito dorsal sobre uma das passagens do parque. Apenas uma lesão era visível: um orifício enegrecido sob o olho esquerdo, com características de ter sido produzido por um tiro encostado:

Nas regiões com osso subjacente, os elementos secundários, sobretudo os gases superaquecidos, serão refletidos pelo anteparo ósseo, e, por expansão, proporcionarão uma verdadeira explosão tecidual, com crepitação gasosa da tela subcutânea e na entrada da lesão, dando à ferida um aspecto irregular, com bordas solapadas em forma de boca de mina (sinal da boca de mina de Hoffmann).[28]

A ausência de estojos no chão falava a favor do uso de um revólver. Essa hipótese é fortalecida pela época em que ocorreu esse caso: não havia tantas pistolas 9mm em uso como nos dias atuais e era mais comum os crimes serem cometidos utilizando revólveres. Então, no entorno do cadáver não havia quase elementos a serem analisados. Mas uma coisa me chamou atenção: na perna esquerda da calça havia uma sujidade enegrecida, a qual citei e descrevi no laudo.

Meses depois, recebi uma ligação de um colega da polícia civil para falar sobre esse caso. Precisei consultar minhas anotações e o laudo para relembrar o caso, pois, depois dele, já havia examinado dezenas de outros. Mas o policial queria falar especificamente daquela mancha, pois ela suportava a teoria com a qual eles estavam trabalhando: poderia ela ter sido causada pelo possível agressor, que trabalhava em uma oficina mecânica e suas roupas estavam sujas de graxa.

No momento do meu exame, aquele pequeno detalhe não parecia ter muito valor, mas, mesmo assim, resolvi citá-lo, justamente pela necessidade de eternização de todos os detalhes do local que perder-se-ão logo após sairmos dali.

---

[28] Franklin, Reginaldo. *Medicina Forense aplicada*. 1. ed. Rio de Janeiro: Rubio, 2018.

SOZINHOS

Ainda que nosso foco sejam os locais onde ocorreram crimes, é comum acabarmos examinando áreas em que a suspeita da infração acaba por não ser confirmada. Não há nada de errado nisso, pois uma das funções da perícia criminal de local de crime é justamente determinar se houve ou não infração penal a ser investigada. Ocorre com frequência de examinarmos locais que acabam não sendo mortes violentas causadas por outrem, como acidentes, mortes naturais e suicídios em que a vítima foi a única responsável pelos atos fatais.

Acontecem casos de pessoas morrerem sozinhas em casa e terem seus corpos descobertos somente quando os odores da putrefação começam a incomodar os vizinhos. Ou pessoas que morrem durante o final de semana e somente depois de terem faltado um ou dois dias de trabalho é que os colegas vão à sua procura e acabam descobrindo o trágico destino.

Nos casos de pessoas em avançado estado de putrefação, a perícia é acionada, mesmo em casos que acabam não sendo infrações a serem apuradas, pois os fenômenos transformativos pós-morte podem acabar mascarando alguma lesão. Embora o foco do perito criminal sejam os produtos e instrumentos do crime, ele tem o conhecimento necessário para fazer um exame prévio no cadáver de modo que, em determinados casos, possa antecipar se ocorreu ou não um crime.

Foram vários casos de pessoas que moravam sozinhas, faleceram e foram encontradas dias após, em diversos estágios de putrefação: cromático, gasoso e coliquativo. Os casos que peguei de cadáveres em estágio de esqueletização foram em lugares abertos ou enterrados. Para atingir tal fase, podem se passar meses.

Em prédios de apartamentos, os cadáveres geralmente são encontrados entre a fase cromática e a gasosa, que é quando os odores se intensificam. Em casas mais afastadas, é comum já se encontrarem na fase coliquativa.

Neste caso, o local era uma casa de madeira em um bairro residencial de classe baixa de uma cidade da região metropolitana. Assim que estacionamos a viatura na rua, já sentimos o odor que vinha da casa, distante aproximadamente vinte metros de nós. As portas e janelas da casa já estavam abertas, algo providenciado pelos agentes de segurança pública responsáveis pelo isolamento para auxiliar na dispersão dos odores. Porém, ao fazerem isso, a análise em relação a algum possível vestígio relativo à abertura forçada da porta pode acabar se perdendo. O que nos resta, é o histórico repassado pelas autoridades relatando que foram os responsáveis por providenciar a abertura da edificação, muitas vezes sendo necessário o arrombamento de portas e janelas.

O cadáver encontrava-se sentado no sofá, com a cabeça inclinada para esquerda e boa parte do corpo coberta por uma grossa camada acinzentada. O rosto era irreconhecível, modificado e deformado não só pelas transformações da marcha da putrefação, mas também pela presença de ondas de larvas que saíam dos olhos, narinas e boca. Vestia uma camiseta rosa e uma bermuda cinza e todas as vestes apresentavam-se umedecidas e com manchas marrons, provenientes do início da fase coliquativa do cadáver. As roupas estavam apertadas, pois a fase gasosa já se apresentara. Qualquer tentativa de remoção das vestes no local resultaria em partes da pele sendo arrancadas. Tal trabalho acaba sendo deixado para os bravos colegas do necrotério. Parte do corpo já havia "derretido" por cima do sofá. Toda a pele assumira um tom verde enegrecido.

A situação do corpo dificulta a visualização de lesões no corpo. Exames radiográficos são extremamente importantes, assim como a análise do local da morte. Depois de examinar cuidadosamente todo o local, pudemos constatar que não houve violência, apenas mais uma pessoa que morrera sozinha em casa. Tais situações são comuns, e embora sejamos um órgão de segurança pública (ainda que isso seja questionado atualmente), por vezes acabamos examinando estas mortes naturais ou causadas por doenças.

PELA HORA DA MORTE

Embora seja comum os locais de morte atraírem muitos curiosos, existem também aqueles que são ignorados quando outras coisas mais importantes estão em jogo.

Ocorreu um caso emblemático no qual um homem morreu durante o expediente de um supermercado e seu corpo foi coberto de forma que permitisse que a loja continuasse operando:

Trabalhador morre em supermercado no Recife, corpo é coberto por guarda-sóis, e local continua funcionando
Tapumes, caixas de papelão e engradados de cerveja também foram colocados para isolar o cadáver. Homem atuava como representante de vendas de uma empresa fornecedora e não era funcionário do Carrefour. Estabelecimento disse que 'protocolos para que as lojas sejam fechadas quando fatalidades como essa aconteçam já foram alterados'.

*Um representante de vendas morreu enquanto traba-
lhava em um supermercado da rede Carrefour no Recife,
e teve o corpo coberto com guarda-sóis e cercado por caixas
de papelão, engradados de cerveja e tapumes improvisados
entre as gôndolas.*

*Ele atuava como representante de vendas de uma em-
presa de alimentos fornecedora e não era funcionário do
Carrefour, mas estava no local a trabalho. Nesta quarta
(19), a empresa disse não ter encontrado a forma correta
de proteger o corpo do trabalhador.*

*Funcionários e clientes que estavam no supermercado
disseram que o estabelecimento permaneceu funcionando
normalmente.*

*"O homem tinha 53 anos e trabalhava como represen-
tante de uma empresa de alimentos. Ele morreu, parece
que de um mal súbito, e o corpo ficou lá das 7h30 até as
11h. Ficaram esperando a chegada do IML [Instituto de
Medicina Legal]", afirmou Renato Barbosa, que também
é representante comercial, mas de outra empresa, e estava
no local, em entrevista ao G1.*

*Segundo Barbosa, o supermercado estava cheio no mo-
mento em que o cadáver ficou coberto e isolado no corredor.
"Dava para ver o corpo e as pessoas comentavam", contou.
A área onde ficou o corpo também foi isolada por uma fita
amarela e preta.*

O interessante dessa situação é saber que o "Carrefour"
é uma entidade criada por seres humanos que não tem um
corpo real. É uma entidade imaginária criada a partir de
documentos. Quem age no nome da empresa, são seres humanos. Os mesmos seres humanos que cobriram o cadáver
com tapumes, os mesmos que continuaram frequentando

a loja, os mesmos que se apinham no entorno de fitas de isolamento para olhar o cadáver.

Yuval Noah Harari, no livro *Sapiens – uma breve história da humanidade*, explica muito bem a questão das empresas como uma forma de fantasia criada por humanos:

As pessoas aceitam com facilidade que "tribos primitivas" consolidaram sua ordem social por acreditar em fantasmas e espíritos, reunindo-se nas noites de lua cheia para dançar em volta de uma fogueira. O que não percebemos é que nossas instituições modernas funcionam exatamente nessas mesmas bases. Tome como modelo o mundo corporativo: os executivos e os advogados modernos são, na verdade, feiticeiros poderosos. A diferença principal entre eles e os pajés é que os advogados modernos contam histórias ainda mais estranhas. A lenda da Peugeot nos oferece um bom exemplo.

Uma imagem que se assemelha ao homem-leão de Stadel aparece atualmente em carros, caminhões e motocicletas de Paris a Sydney. É o ornamento de capô que enfeita os veículos fabricados pela Peugeot, uma das maiores e mais antigas montadoras da Europa. A Peugeot começou como um pequeno negócio familiar no vilarejo de Valentigney, distante apenas trezentos quilômetros da caverna de Stadel. Hoje a empresa emprega cerca de 200 mil pessoas em todo o mundo, e a maioria delas não se conhece. Esses estranhos cooperam de maneira tão eficiente que, em 2008, a Peugeot produziu mais de 1,5 milhão de automóveis, obtendo uma receita de 55 bilhões de euros. Em que sentido podemos dizer que a Peugeot S. A. (nome oficial da companhia) existe? Há muitos veículos com a marca Peugeot, mas eles obviamente não constituem a companhia.

Mesmo se cada Peugeot no mundo fosse vendido ao mesmo tempo como ferro-velho, a Peugeot S. A. não desapareceria. Continuaria a produzir novos carros e publicaria seu relatório anual. A empresa possui fábricas, maquinário e showrooms, empregando mecânicos, contadores e pessoal administrativo, mas isso tudo também não constitui a Peugeot. Um desastre pode matar todos os seus empregados e destruir todas as linhas de montagem e os escritórios dos executivos. Mesmo assim, a companhia poderia tomar dinheiro emprestado, contratar novos empregados, construir novas fábricas e comprar novos equipamentos. A Peugeot tem gerentes e acionistas, mas eles também não constituem a companhia: todos os gerentes poderiam ser demitidos e todas as ações vendidas, que a companhia propriamente dita permaneceria intacta. Isso não significa que a Peugeot S. A. seja indestrutível ou imortal. Se um juiz ordenasse a dissolução da companhia, suas fábricas permaneceriam de pé e seus trabalhadores, contadores, gerentes e acionistas continuariam vivos — porém a Peugeot S. A. desapareceria de imediato. Em suma, a Peugeot S. A. parece não ter nenhuma conexão essencial com o mundo físico. Será que ela de fato existe?

A Peugeot é fruto da nossa imaginação coletiva. Os advogados chamam isso de "ficção jurídica". Não se pode apontar com o dedo para ela, não se trata de um objeto físico. Mas existe como uma entidade jurídica. Assim como eu ou você, está sujeita às leis dos países onde opera. Pode abrir uma conta bancária e ter propriedades. Paga impostos, pode ser processada e mesmo sentenciada separadamente de quaisquer de seus donos ou das pessoas que trabalham para ela.

Talvez para muitas pessoas que lidam com tal violência e com morte não fosse nada muito perturbador continuar as compras. Mas, além disso, há a questão do respeito com o ser humano. Neste país em que vivemos, com predominância da religião cristã, há um tratamento diferenciado para o corpo humano após a morte. Na maior parte de sua história, a Igreja Católica somente permitiu o enterro como destino do corpo após a morte, vendo que esta seria a prática melhor para representar a esperança na ressurreição.

Caso semelhante, guardadas as devidas proporções, ocorreu com um colega, em um exame de local de homicídio. As vítimas haviam sido mortas na frente de uma lancheria, bem onde ficava um alpendre. Elas estavam lanchando quando duas pessoas chegaram de moto, desceram do veículo e atiraram várias vezes contra os dois.

A equipe de perícias chegou no local e iniciou os procedimentos de praxe. Porém, percebeu que, na cozinha, a lancheria seguia funcionando, pois tinha serviço de tele-entrega. Para quem já vivenciou tantas coisas piores, isso nem surpreende mais. Mas o que chamou atenção da equipe é que, na frente da lancheria, além dos curiosos de praxe, se formava uma fila. Curiosos, os colegas foram questionar o que era aquilo. Eram pessoas que estavam aguardando o fim dos exames para voltarem a comer na lancheria. Ou seja, não se importariam em fazer refeição em um local onde, recentemente, duas pessoas haviam perdido a vida. Provavelmente essas pessoas continuariam comprando no mercado onde um cadáver estaria sendo escondido por guarda-sóis. Entendo perfeitamente a necessidade do pequeno comerciante de ter de continuar funcionando para garantir o seu sustento e de seus funcionários. Difícil entender a posição do ser humano, representando uma grande empresa no caso do mercado. É difícil também compreender o pensamento daqueles que aguardam apenas a remoção do cadáver para ir consumir na lancheria. "Ah, morreram duas pessoas ali, mas aquele *x-bacon* é tão bom que vale a pena correr o risco. É de morrer". Tirando a questão da contaminação do lugar, pois houve muito extravasamento sanguíneo, fluídos corporais e exposição de massa encefálica, o local se mostrou não muito seguro em questões de atentados contra a vida. Aquelas pessoas devem ter o pensamento que "um raio não cai duas vezes no mesmo lugar". Porém, na criminalidade, isso não é uma regra. Já houve casos de ocorrerem mortes no mesmo lugar com uma diferença de horas.

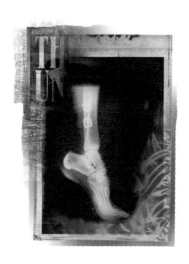

DAF EM VEÍCULO

Dentre os diversos exames realizados pelos peritos criminais está o exame em veículo automotor que foi alvejado por tiro ou também conhecido como "DAF (disparo de arma de fogo) em veículo", cujo nome resumido na realidade é um erro técnico, considerando a diferença entre tiro e disparo:

> Muitas vezes os termos disparo e tiro são empregados como sinônimos, mas na verdade não são. Disparar uma arma significa acionar o mecanismo de funcionamento regular da arma, geralmente pressionando o gatilho e movimentando as peças para que o percussor avance. Já o tiro é entendido como, segundo Eraldo Rabello (1995), um disparo eficaz, ou seja, a detonação da espoleta de um cartucho com a consequente inflamação e deflagração da pólvora, atingindo pressão suficiente no interior do cartucho para que o projétil se desprenda do estojo e percorra uma trajetória qualquer. Desta forma, nem todo disparo

vai dar origem a um tiro, porém todo tiro é precedido do disparo do mecanismo da arma[29].

Trata-se de um exame que pode, como tantos outros, ser extremamente simples, nos casos de veículo atingido por apenas um projétil, ou demasiadamente cansativo, quando muitos tiros foram dados, o que resulta em análise de várias trajetórias e desmonte de peças para recuperar projéteis. Estes tipos de exames podem ser feitos no local do fato ou, em determinados casos, em depósitos de veículos. Existem vantagens e desvantagens nos dois cenários.

Quando o exame é feito no local do fato, outros vestígios devem ser analisados e vão enriquecer o exame. Além dos danos no veículo, devem ser analisados todos os danos na área do entorno, como paredes, árvores, postes e qualquer outra superfície que possa ter sido atingida pelos projéteis que atravessaram ou não o veículo. Também podem ser analisados e coletados os elementos de munição que podem estar relacionados com os tiros que atingiram o veículo. A desvantagem, a qual é pertinente à maioria dos locais de crime, é que se trata de um ambiente geralmente exposto a riscos e intempérie. Já no exame realizado no depósito, vão faltar todos aqueles elementos do local do fato, mas o perito terá melhor disponibilidade para realizar os exames sabendo que não sofrerá nenhuma pressão externa para agilizar o processo, que deve ser demorado. Essa pressão externa vem, geralmente, por parte de colegas que não gostam que os exames demorem. Infelizmente, não é culpa do perito se um exame é demorado, e sim das circunstâncias.

---

[29] Silvino Junior, João Bosco. *Balística aplicada aos locais de crime.* 2. ed. Campinas, SP: Millennium Editora, 2018.

Fomos acionados para atender a uma ocorrência de tiro em via pública que, como de praxe, o histórico não trazia a dimensão do que realmente estava por vir. Ao chegarmos no local, nos deparamos com o tamanho da bronca. Havia diversos elementos de munição espalhados pela via pública, três veículos com várias perfurações de projétil de arma de fogo (sendo dois automóveis e uma bicicleta) e duas edificações com danos típicos de terem sido causados por tiro.

Iniciei o exame assinalando os elementos de munição com placas numeradas. Geralmente quando o perito faz isso, é notório o desânimo no rosto de alguns colegas: é sinal que o exame vai demorar. Eu fico bem tranquilo quanto a isso, afinal, quem vai assinar o laudo sou eu, então não me preocupo nem um pouco quanto ao tempo que levarei fazendo o exame, pois quero fazê-lo da melhor forma possível. Recebo um salário para isso e devo esse serviço à sociedade. Neste caso, percebi que um dos colegas estava impaciente com a demora. Resolvi questioná-lo do porquê a necessidade de voltar para a base enquanto havia tantos exames a serem feitos. Dentre as várias desculpas sem fundamento, ele afirmou que não queria perder o último capítulo da novela. Coloquei a mão no ombro dele e apontei para uma parada de ônibus que havia ali perto e falei que se ele estivesse com pressa, ele poderia utilizar as facilidades do nosso serviço de transporte público, pois eu iria levar o tempo que fosse necessário para terminar os exames.

Infelizmente existem pessoas que se preocupam mais em apenas receber o salário sem ter a contrapartida de prestar o trabalho designado.

VELÓRIO

Costumo atribuir um nome para cada um dos locais que atendi, de forma que eu consiga lembrar os detalhes com mais facilidade. Neste específico, coloquei o nome de velório, ironicamente, sabendo que não existe relação entre vela e o referido ato fúnebre, conforme ensina o professor Cláudio Moreno:

> *Velório, em que um defunto é velado – está ligado ao verbo velar (do latim* vigilare*), que significa "vigiar, ficar acordado". Pode também significar "cuidar": "Deus vela por nós". O fato de nossa cultura ainda usar velas durante os velórios (há países em que elas são proibidas, por medo de incêndio) favorece a confusão entre esses dois termos, que nada têm a ver um com o outro.* [30]

---

[30] Sualíngua por Cláudio Moreno. *Vela e velório*. 2022. Disponível em: https://sualingua.com.br/vela-e-velorio.

Tratava-se de mais um cadáver putrefato. A edificação era simplória, mas bem construída, de alvenaria de tijolos, piso de azulejo e paredes internas pintadas em branco. Uma peça única se subdividia, sem divisórias, em cozinha, sala e dormitório. A única parte separada era o banheiro. A porta de acesso encontrava-se aberta, pois os policiais responsáveis pelo guarnecimento já haviam adentrado o local. Logo da entrada podia-se ter uma ideia do que havia acontecido. Sobre o piso, diversas manchas avermelhadas, em formato de pés humanos e calçados. Estas pegadas cobriam praticamente todo o piso. No setor posterior direito, a partir da porta de acesso, havia um recuo onde encontravam-se a cama e o cadáver, que estava sobre o piso, em decúbito dorsal. Dali era possível ver apenas os membros inferiores do cadáver. Ao redor do cadáver, mais manchas de sangue em formato de pegadas, assim como manchas de sangue deformadas por arraste e uma extensa poça de sangue enegrecido à direita. À esquerda do cadáver, duas panelas e uma faca de lâmina serrilhada quebrada. Tudo aquilo era indicativo de ter ocorrido luta corporal naquela área.

O corpo apresentava abdome distendido e a mancha verde abdominal já se pronunciava no quadrante inferior direito. O rosto estava entumecido, de coloração verde escura, típico da fase gasosa, com projeção da língua e dos olhos.

Sobre a região peitoral do cadáver havia um garfo entortado e, no pescoço, outro garfo cravado. Apesar das transformações cadavéricas proporcionadas pela marcha putrefativa, também foi possível visualizar outra lesão no pescoço, do lado do garfo. Porém, não havia condições de determinar as características dela, principalmente porque havia uma vela branca inserida ali. Depois de retirada, foi possível avaliar que pelo menos cinco centímetros da vela haviam sido introduzidos no pescoço do cadáver. Não havia outros elementos que pudessem explicar isso, restando-me apenas especulações.

Pelas diferentes marcas de pegadas no local, nenhuma delas compatíveis com os pés ou com os calçados que o cadáver usava, ocorreu-me que havia mais de um agressor. Depois das agressões, os autores ainda perambularam pelo local, talvez no intuito de procurar objetos para subtração. A vela foi inserida no pescoço após a vítima ter falecido, mas não havia vestígios de que ela fora acesa pela falta de resíduos de cera no local. Ela também não tinha características que pudessem indicar que fora usada para a agressão, o que reforça a hipótese de que tenha sido inserida no local da lesão posteriormente. A motivação para isso continua um mistério para mim.

TOP GEAR

Em determinadas ocasiões, passamos muito tempo dentro do carro, em deslocamento, principalmente quando precisamos viajar ou enfrentar o caótico trânsito de determinados horários da cidade. Mesmo que nossas viaturas contem com sirenes e *giroflex*, o uso destes equipamentos é questionável. "Qual a pressa da perícia se o cadáver está morto?" Esta foi uma das perguntas que já recebi de pessoas que não entendem a importância do nosso trabalho. Quanto mais tempo se passa entre o fato e o exame pericial, mais vestígios podem se perder. Ainda tem a realidade de não sabermos qual a situação que nossos colegas responsáveis pelo guarnecimento e isolamento do local estão passando. Locais externos e abertos sempre podem gerar riscos aos policiais responsáveis pela preservação. E também pensamos na questão de respeito ao corpo da pessoa falecida, que pode estar em uma situação de exposição desnecessária. Desta forma, embora muitos pensem o contrário, não vejo nenhum problema em as viaturas usarem *giroflex* e sirenes ou ainda passarem em um sinal vermelho ou utilizar o corredor de ônibus quando necessário.

Mas nem sempre isso é preciso, pois ainda há o lado inusitado do uso de viaturas. Já precisei trocar pneu durante atendimento de ocorrência, empurrar viatura e transportar cadáver no bagageiro. Antes de ser julgado, ele se resumia em apenas alguns ossos que eu trouxe dentro de um saco plástico para evitar ter que solicitar um rabecão para algo tão pequeno.

Em determinado local, precisamos contar com os faróis da viatura para poder proceder os exames. Era em torno das três horas da madrugada quando fomos acionados para examinar um suposto suicídio. Caía uma chuva fina e a temperatura oscilava em torno dos 13°C, cenário típico de outono. Chegamos no local repassado pelos policiais que solicitaram os exames, mas nada encontramos. Era apenas a entrada da rua, que se encontrava em um breu completo. À medida que fomos nos deslocando pela via, encontramos o *giroflex* das viaturas policiais em meio à escuridão. Ao chegarmos no local imediato, logo vislumbramos o cadáver sobre a via, junto à margem oeste. Ele estava em decúbito lateral direito e com as mãos amarradas para trás. No corpo, foram constatadas diversas lesões de entrada de projétil de arma de fogo. Os tamanhos das lesões variavam, indicando que havia sido usado, além de arma curta, pelo menos uma espingarda. A impressão que dava era que havia praticado tiro ao alvo com a vítima. Mesmo após a queda ela recebeu tiros de diversas armas diferentes.

Tenho o costume de iniciar o exame pelo cadáver, assim libero a equipe da remoção e também disperso os curiosos que querem "ver o morto" do local. Incrivelmente, ali não havia nenhum popular, pois as condições eram adversas e o local era ermo. O pessoal da remoção se retirou do lugar, restando apenas nossa viatura e mais uma equipe da polícia civil. Havia lixo e entulhos nas laterais da via e o leito era composto de britas, o que dificultava a visualização dos vestígios. Eu já havia coletado mais de trinta estojos de calibres 9mm, .380 e .12, mas cada vez que eu olhava para o chão, encontrava mais algum. Foram vários minutos coletando estojos, sob chuva, em meio à escuridão completa, contando apenas com minha lanterna e os faróis da viatura. Terminados os exames e as coletas no local, é necessário contar, fotografar e embalar os elementos de munição, como de praxe. Após as últimas ações, informei aos policiais que eu havia terminado os exames e estes voltaram para suas viaturas e iniciaram o deslocamento. Voltei para o carro, onde nosso motorista nos aguardava, não sem antes dar uma breve revisada no local para ver se não ficara nada para trás. Quando entrei na nossa viatura, o motorista me olhava com um semblante preocupado. Indaguei o motivo e ele respondeu que o veículo não dava partida. Como precisamos ficar com as luzes acesas para poder fazer a coleta dos vestígios, a bateria acabara se esgotando. Não restava outra solução, precisávamos empurrar a viatura.

Esta não foi a única vez que precisei fazer algo parecido. Em outra ocasião, o rabecão atolou em uma estrada de barro após ter feito a coleta do cadáver. Fui ajudar a empurrar para tentar desatolar, o que consegui com sucesso. Mas não contava com o banho que tomei depois que a viatura conseguiu se deslocar, deixando a roda solta e jogando lama para trás, na minha direção.

O importante, nestas situações, é sempre manter a calma. Mesmo que não consiga resolver naquele instante, pelo menos ainda contamos com aparelhos de telefonia celular que podem ser utilizados para pedir auxílio. O problema é que muitas vezes acabamos atuando em áreas que a rede telefônica não cobre. Espero nunca ter que passar por isso.

PESO

Carregar um cadáver não é uma tarefa fácil. Daí a expressão peso morto. Um corpo que pesa em torno de cento e cinquenta quilos é bem mais difícil. Não são raras as vezes em que os técnicos em perícias se deparam com situações deste porte. Não só por eu já ter passado por situações semelhantes, mas também por uma questão de coleguismo e empatia, eu sempre me disponho a ajudar a carregar. Infelizmente, o mesmo não se passa na cabeça de todos.

Chegamos no local, no meio da madrugada. Não costumo reparar nisso, mas dessa vez, percebi que pelo menos três policiais que faziam o guarnecimento tinham portes físicos avantajados que destoavam dos outros colegas.

O local se situava dentro de uma humilde edificação de alvenaria de tijolos. Para acessá-la a partir da via pública era preciso percorrer aproximadamente vinte e cinco metros de um estreito caminho irregular entre um muro de tijolos e uma cerca de madeira, sem nenhuma iluminação. Atrás da cerca de madeira, cachorros latiam e enfiavam o focinho entre as frestas para tentar nos morder. No final do caminho, para acessar a casa que se encontrava em um nível mais acima da via, havia uma escada igualmente irregular, feita de pedras irregulares. Dentro da casa, o corpo encontrava-se na sala, deitado em decúbito ventral em uma poça de sangue. Diversos elementos de munição estavam espalhados pela edificação. Os atiradores arrombaram a porta de entrada e surpreenderam a vítima que mal teve tempo de tentar fugir. Executaram-no ali mesmo com mais de 20 tiros. O cadáver era muito obeso, de tamanho avantajado e logo vi que seria problemático fazer a sua remoção. Assim que terminei os exames e vi que os técnicos começaram a se preparar para colocar o cadáver no saco e na bandeja de transporte, lembrei dos dois colegas de bom porte físico e que nos acompanhavam nos exames dentro da casa. Quando me virei para solicitar ajuda deles, tamanha surpresa minha que já não se encontravam mais ali. Não podia deixar os colegas na mão e me ofereci para ajudar no transporte. Além do peso do cadáver e da bandeja, ainda precisava contabilizar o peso do meu colete balístico com todos os equipamentos que carrego nele.

E lá fomos nós, enfrentando não só o peso do cadáver, mas também a irregularidade do caminho, que me fez tropeçar algumas vezes, a falta de iluminação e também os cachorros que latiam e tentavam nos morder por entre as frestas da cerca de madeira. Depois eu percebi que a cerca terminava logo após o fim do caminho que percorremos e pude ver que nenhum cachorro avançou na gente. Eram apenas corajosos atrás da cerca.

Os colegas de porte físico invejável nos aguardavam na rua, prontos para partirem. Em outra ocasião, a vítima era ainda maior e mais pesada. A vantagem é que se tratava de um local aberto, em via pública. Após a coleta dos elementos de munição, o rabecão estacionou ao lado dela e não foi preciso fazer longos deslocamentos com a maca. Mas o curioso é que essa vítima tinha muito mais lesões por projéteis do que a anterior. E ela ainda foi alvejada muitas vezes antes de cair. Creio que o tamanho dela a fazia um alvo mais fácil de acertar, ainda que estivesse tentando fugir. Contabilizei mais de 40 lesões por entrada de projétil de arma de fogo.

A MAGIA DO LOCAL

Mesmo correndo o risco de ser repetitivo, volto a frisar a questão da imprevisibilidade do local: nunca sabemos o que nos aguarda, mesmo que tenhamos recebido um breve histórico no momento do acionamento. Já houve casos que entraram como homicídio e no fim eram apenas morte natural: segundo os policiais, a vítima apresentava sinais de agressão, pois estava com a lateral do corpo toda "roxa". Quando chegamos no local, vimos que se tratava apenas de manchas de hipóstase.

Também chamadas de manchas de posição ou livores cadavéricos, são fenômenos constantes, inexistindo apenas, e bem assim de modo irregular, em casos excepcionais de mortes por grandes hemorragias. Caracterizam-se pela tonalidade azul púrpura, de certa intensidade e percebidas na superfície corporal. São encontradas, de preferência, na parte de declive dos cadáveres e por isso chamadas de manchas de hipóstase, variando, logicamente, com a posição do corpo. Apresentam-se em forma de placas, embora possam surgir as chamadas púrpuras hipostáticas, que assim designou Lacassagne, por se apresentarem como ponteado da escarlatina. Por outro lado, são denominados de livores paradoxos aqueles encontrados fora das regiões de declive. A pele das regiões não atingidas pelas manchas toma uma tonalidade cérea[31].

Mas são apenas ossos do ofício. Os peritos criminais é quem têm a competência para fazer a diagnose diferencial de um local de morte por homicídio ou morte natural.

Mas, além dos aspectos técnicos que temos que nos preocupar em levantar no local, ainda tem todos os outros detalhes, inerentes da vida em sociedade, que podem ocorrer. Como já citei outras vezes, o local de crime é um evento que atrai muitos curiosos. E quanto mais pessoas, maior a probabilidade de ocorrer algum imprevisto.

A perita criminal havia chegado no local onde constatou a presença de diversos elementos de munição sobre a via pública. Para melhor identificá-los, utilizou pequenos cones amarelos e numerados que foram distribuídos ao longo da rua. A atenção dos peritos, muitas vezes, fica limitada a algum pequeno detalhe, porém, muitas coisas no entorno ainda estão acontecendo que podem passar despercebidas. Neste caso, a perita ficou sem reação ao perceber que um indivíduo alcoolizado, pilotando uma bicicleta, havia furado o isolamento, que não era dos melhores, e estava andando em zigue-zague entre os cones que sinalizavam

---

[31] França, Genival Veloso de. *Medicina Legal*. 11. ed. Rio de Janeiro: Guanabara Koogan, 2017.

os vestígios, como se fosse uma pista de obstáculos. A cena durou apenas alguns segundos e logo o ciclista se perdeu na escuridão do entorno.

Indivíduos alcoolizados e cachorros de cor caramelo guardam algumas características em comum: ambos estão presentes em muitos locais que examinamos (às vezes como vítima, às vezes como autor, mas na maioria das vezes como curiosos), não respeitam o isolamento, chutam plaquinhas, estojos ou outros objetos que estiverem no chão, fazem barulho e, algumas vezes, fazem suas necessidades por ali. A perita Marília da Costa Ribas contou que certa vez fora examinar um local de homicídio em via pública. No entorno, diversas pessoas acompanhavam as ações dos profissionais da perícia. Um deles chamava atenção pelo nível das lamentações. Era um indivíduo alcoolizado que se autoproclamava melhor amigo da vítima. Em determinado momento, relatou, em alto e bom tom, que recém na semana passada haviam comido uma "maionese bem pegada". Imagino que tal alimento devia ser de uma qualidade extremamente alta para ser lembrada naquele momento.

Estes indivíduos alcoolizados também podem ser vítimas ou autores de crime. O local do fato era um bar, área mais propícia para a presença de pessoas bêbadas. Durante uma discussão por causa do valor da conta a ser dividida – um alegava ter bebido menos que o outro – um dos bêbados acabou esfaqueando o "amigo". Quando chegamos no local, o autor do crime estava algemado dentro da viatura e a vítima estendida sobre o piso do estabelecimento. Foi constatada uma lesão perfurocortante na região peitoral direita, de onde partiam muitas manchas de sangue geradas por escorrimento e deformadas pela ação das vestes da vítima. Estávamos terminando de examinar o local quando ouvimos o bêbado gritando de dentro da viatura, se dirigindo a um dos policiais:

– Ô, doutor!

– O que você quer? – respondeu o policial militar.

– Essa tua viatura aqui tá com vazamento.

Na verdade, o vazamento era dele mesmo, que havia urinado no banco do veículo e não tinha se dado conta.

Um objeto que já sofreu alguns revezes no local é a maleta. Alguns colegas já tiveram seu equipamento furtado e danificado. Um colega papiloscopista conta que, durante um exame pericial de um veículo em um depósito, precisou afastar alguns cães que viviam naquele local para poder dar prosseguimento aos exames. Um deles, certamente com sentimento de vingança, acabou urinando na maleta do colega. Mesmo que o colega tenha lavado a maleta, não impediu que algum resquício de odor ficasse ali, o que acabou despertando a necessidade de outros cães, em outras ocasiões, a demarcarem novamente o objeto com urina. Fiquei surpreso ao saber como isso aconteceu com vários outros colegas.

A maleta de outro colega sofreu destino pior. Muitos utilizam os modelos rígidos, de formato retangular e cor escura, para transportar seus equipamentos. As características desse tipo permitem que a coloquemos no chão e, caso suje, elas podem ser limpas (ainda que não impeça a detecção de determinados odores por apurados faros caninos). É comum que os peritos acabem se distanciando da maleta em um exame de local onde há muita dispersão de vestígios. Em determinada ocasião, a perita encontrava-se longe de sua maleta quando o rabecão da remoção dos cadáveres chegou no local e acabou passando por cima do objeto, destruindo todo o equipamento.

Pior situação passou o colega que havia recém recebido uma maleta nova e ficou o dia inteiro arrumando-a, lustrando-a, bem feliz pelo novo equipamento. No primeiro exame com ela, acabou passando por uma situação inesperada. Era um local de muita comoção popular, com diversos indivíduos alterados nas cercanias da fita de isolamento e os policiais precisando conter a situação. Em determinado momento, um policial, para conseguir dispersar a multidão, precisou dar um tiro de espingarda calibre 12 para baixo. Porém, o tiro pegou exatamente onde estava a maleta do colega, deixando-a com aspecto de queijo suíço devido aos balins do cartucho.

Novamente, a perita Marília da Costa Ribas contou uma história inusitada envolvendo cachorros e maletas. Desta vez, o recipiente não foi alvo de urina, mas sim de furto: um cachorro pegou as luvas de dentro da maleta, que estava aberta e fugiu. Preocupada com o bem-estar do animal, a perita saiu correndo atrás dele, imaginando que ele pudesse engolir as luvas. Mas ele não compreendia isso e cada vez que a perita chegava perto, o cachorro fugia. Depois de muito insistir, as luvas foram recuperadas.

ANIMAIS

É muito comum a presença de cachorros nos locais de crime. Ao contrário dos humanos, eles não entendem o significado de fita de isolamento. Para ser justo, alguns humanos também não. Eu estava deitado sobre a via pública, tentando coletar estojos que estavam sob veículos quando dois cachorros resolveram acertar suas diferenças bem ao meu lado. Mal deu tempo de eu rolar para o lado, evitando entrar na briga. Também é muito comum cães ficarem de guarda de seus falecidos donos. Diversos colegas já contaram histórias que relatam as dificuldades de fazer a perícia em um local onde um ou mais cachorros não deixavam as equipes de perícia e polícia se aproximarem do cadáver. Por menor que ele seja, eu evito me aproximar, pois nunca sei como irão reagir e não quero terminar meu plantão tomando vacina antirrábica.

Em determinada ocasião, uma mulher havia morrido dentro de casa e sobre seu corpo estava seu cachorro, de porte muito pequeno. Mas era só eu me aproximar que ele mostrava os dentes e rosnava. Há momentos no trabalho que eu repenso minhas decisões de carreira: quando estou no meio do barro, de noite, na chuva, recolhendo uma quantidade enorme de munição em via pública em uma área perigosa da cidade. E desta vez, tendo de enfrentar aquela pequena fera foi um destes momentos. Peguei o objeto mais longo que encontrei na casa de modo a tentar tirar o cachorro delicadamente de cima do cadáver. Por mais que ele estivesse atrapalhando meu trabalho, sabia que o fazia de forma instintiva e não podia culpá-lo. Eu não teria como convencê-lo de que precisávamos recolher o corpo de sua dona para descobrir o que havia acontecido e, desta forma, encontrar o culpado. O melhor convencimento, naquela ocasião, era a vassoura. Segurei o cabo e comecei a aproximar a parte das fibras perto do cachorro, que rapidamente reagiu e começou a mordê-la ferozmente. Eu tentava controlar o cabo sem muito sucesso, ficando à mercê dos solavancos causados pelo movimento da mandíbula do cachorro. Não imaginei que um cachorro tão pequeno pudesse ter tanta força. Com muito esforço consegui empurrá-lo para debaixo da cama e contê-lo enquanto os técnicos da remoção recolhiam o cadáver. Depois de retirado o corpo, soltei a vassoura e saí rapidamente do quarto, fechando a porta atrás de mim. Ainda pude ouvir o pequeno cão arranhando a porta e latindo ferozmente.

Confesso que sinto um pouco de inveja de alguns colegas que não têm medo de lidar com cachorros desconhecidos. Em outra ocasião, o cadáver estava na via pública, coberto por um edredom e, sobre ele, um cachorro de porte médio. Enquanto eu pensava como iria proceder, a colega papiloscopista aproximou-se do cão, que rapidamente cedeu aos seus carinhos e, com um pequeno esforço, ela conseguiu puxá-lo pelas patas e liberar o corpo da vítima.

Em outro momento, tratava-se de um exame simples, mas, por um certo período, achei que nossa equipe iria sofrer um ataque perigoso. Fomos acionados para examinar outro local de tiro em uma cidade da região metropolitana. Ao chegarmos no endereço indicado no histórico, havia muito pouco a ser examinado sobre a calçada: algumas manchas de sangue, dois estojos componentes de munição de arma de fogo e um projétil de arma de fogo. Havia apenas policiais militares, nenhuma autoridade da polícia judiciária se fazia presente como preconiza o artigo 6º do Código de Processo Penal.

Art. 6º Logo que tiver conhecimento da prática da infração penal, a autoridade policial deverá:
I – dirigir-se ao local, providenciando para que não se alterem o estado e conservação das coisas, até a chegada dos peritos criminais;

Terminados os exames e as coletas na calçada, verifiquei que a casa em frente estava com a porta aberta e o vidro que a compunha, estilhaçado. Perguntei se os policiais militares presentes já haviam verificado aquela casa e responderam que estava vazia. Tratava-se possivelmente de local mediato e decidi examiná-la. O portão de acesso ao terreno estava aberto e ali adentramos. Na janela da fachada frontal havia uma placa com os dizeres "Cuidado com o cão". Perguntei para os policiais se eles haviam encontrado algum animal na casa e reafirmaram que a casa estava vazia.

Adentramos na edificação e constatamos que os estilhaços de vidro estavam todos recolhidos juntos das paredes. Claramente alguém já os havia varrido. Porém, mesmo locais alterados devem ser periciados. Continuamos adentrando a edificação até atingir o pátio posterior. Foi nesse momento que olhei para dentro da casa e pude ver no pátio frontal um enorme cachorro da raça *Rottweiller*. Não havia outra maneira de sair dali, teria que passar pela área onde ele estava. Eu realmente não sabia o que fazer; em último caso, teríamos que usar nossas maletas para nos defender. O cachorro não expressava nenhuma reação: não latia, não rosnava nem balançava o rabo. Passamos a menos de 2 metros dele e conseguimos atingir a calçada. Ele seguiu nos acompanhando com o olhar quando fechei o portão de acesso ao terreno. Agradeci por ele ser um péssimo cão de guarda.

Embora cães sejam os animais mais comuns nos locais, outros tipos também resolvem aparecer, principalmente insetos. Fui examinar um local que no fim se revelou uma morte súbita, sem violência. A vítima era acumuladora e residia em uma casa em que mal se podia caminhar devido a quantidade de objetos e lixo espalhados por todas as peças. Para qualquer lugar que se olhasse, havia uma barata ou um rato; inclusive alguns deles corriam sobre nossos pés. A vítima fora encontrada alguns dias após a morte, o que fez seu corpo ficar à mercê destes animais. Parte dos dedos da mão direita e da bochecha esquerda haviam sido roídos por ratos.

Não somente ratos comem cadáveres. Estudos recentes apontaram que, dentre os animais domésticos, os gatos são os mais propícios a comerem seus donos mortos.

Nos poucos casos relatados de eliminação doméstica de Felis catus *em ambientes fechados, o alvo era o rosto (principalmente a boca e o nariz), as mãos e os pés. Em ambos os casos relatados aqui, os gatos selvagens atingiram áreas onde a pele havia sido lesionada anteriormente. O abdome foi uma área secundária de interesse. Esses dois casos se assemelham mais ao padrão relatado de eliminação de linces do que o do gato doméstico. Diferenças no comportamento alimentar entre os grupos de gatos domésticos e selvagens são relatadas e são mais frequentemente atribuídas à neofobia e à necessidade de reflexividade na dieta do gato selvagem, pois eles trabalham para atender às necessidades nutricionais. O efeito novidade pode explicar parcialmente porque ambos os gatos mostraram preferência por um doador específico, apesar da presença de doadores adjacentes. Ambos os gatos mostraram preferência por corpos em decomposição relativamente precoce.[32]*

Em outra ocasião, nosso problema foi com animais de porte mais avantajado. Os mortos estavam em uma área rural, próximo a um cercado em que se encontravam cavalos. Uma das vítimas era responsável pela alimentação dos animais, os quais estavam irascíveis e agitados durante nossos exames. Não sei se era nossa presença ali que os incomodava tanto, mas era visível que algo os perturbava. Talvez tenham percebido a morte daquele que os alimentava e por isso estavam agitados.

---

[32] Garcia, Sara; Smith, Alexander; Baigent, Christiane; Connor, Melissa. *The Scavenging Patterns of Feral Cats on Human Remains in an Outdoor Setting.* J Forensic Sci. 2020 May;65(3):948-952. doi: 10.1111/1556-4029.14238. Epub 2019 Nov 8. PMID: 31703159.

Em outra oportunidade, o histórico inicial repassado informava que um cadáver havia sido encontrado em uma propriedade rural e foram constatadas marcas de arraste, indicando que o corpo teria sido deslocado de posição para uma possível ocultação. Ao chegarmos no local, havia diversas pessoas na entrada e no interior da propriedade rural, um local afastado. Perguntei para o policial civil que estava no local quem eram aquelas pessoas e ele respondeu que eram todos parentes da vítima. E aproveitou para adicionar uma informação que estava sendo comentada entre eles: o cadáver estava sem rosto. Logo ouvi algumas pessoas no entorno comentando, horrorizadas, que o homem havia sido morto e o assassino teria arrancado o rosto para fazer uma máscara, possivelmente no estilo *Leatherface*[33] ou *Hannibal Lecter*[34]. Como perito criminal, devo tirar minhas conclusões exclusivamente dos vestígios analisados e não da prova testemunhal. Muitos casos iniciaram com um histórico que indicava um tipo penal e acabou concluindo-se que se tratava de outro tipo ou até mesmo nem se tratava de infração penal.

Dirigi-me ao local imediato e constatei que parte do histórico era verdadeiro: havia marcas no solo indicando que o corpo havia sido arrastado. Mas estava mais curioso para saber o estado da vítima sem rosto, como estavam comentando. Ao chegar no cadáver, constatei que não se

---

[33] Personagem fictício da série de filmes *The Texas Chainsaw Massacre (O Massacre da Serra Elétrica)* que usa máscaras feitas de pele humana. Foi inspirado em Ed Gein, que tinha o costume de roubar corpos de cemitérios e usar os ossos para fazer móveis e a pele para fazer máscaras.

[34] Personagem fictício que aparece nos livros do escritor Thomas Harris, e ganhou notoriedade ao ser interpretado por Anthony Hopkins no filme *O Silêncio dos Inocentes* (1991).

tratava nada daquilo que estavam comentando. Partes do rosto estavam faltando, mas era um clássico caso de ação de animais necrófagos. As lesões eram *post-mortem*, irregulares e se concentravam apenas em uma parte do rosto. Tudo compatível com ação de um animal de médio ou grande porte, como um cachorro. As marcas de arraste poderiam ter sido feitas pelo animal arrastando o corpo ou pela própria vítima, utilizando de suas últimas forças em busca de ajuda. Não havia nenhum sinal de luta ou de violência no corpo e no local, além destas lesões citadas. A necropsia posterior revelou que a vítima havia morrido de um ataque cardíaco, o que confirmou minhas suspeitas iniciais.

LUMINOL

O Luminol é o detector de sangue oculto mais eficiente em exames de locais de crimes contra a vida. Ele reage quimicamente com o ferro no sangue e libera energia (fótons) na forma de luz azul, através de uma reação chamada quimioluminescência. Uma vez em contato com sangue, o Luminol reage com o ferro encontrado na hemoglobina e promove a formação de fótons na forma de uma luz azulada. Existem outras substâncias que podem reagir com o Luminol por conterem ferro em sua composição, mas um perito experiente sabe diferenciar a coloração e a intensidade da luminosidade gerada pelo ferro do sangue. Trata-se de um teste presuntivo para sangue, por isso é necessária a utilização de exames laboratoriais objetivando a confirmação.

> *Pesquisadores estudaram uma maneira de distinguir a intensidade da emissão da quimioluminescência catalisada pela hemoglobina humana daquela produzida por hipoclorito. A abordagem utilizada foi procurar por mudanças espectrais ocorridas quando o íon hipoclorito foi substituído pela hemoglobina. Os resultados obtidos demonstraram maior intensidade e tempo de duração na quimioluminescência produzida pela hemoglobina humana, demonstrando diferentes cinéticas de reação. Entretanto os resultados não apresentaram distinção entre as hemoglobinas humana e animal.*[35]

Parece ser o exame que mais se aproxima daqueles apresentados pelas séries e filmes e ainda gera certa incredulidade na população em geral. Alguns ainda atribuem uma aura mística ao produto, mas como dizia aquele velho bordão: não é magia, é tecnologia.

A experiência conta muito no exame do Luminol para saber escolher os pontos certos onde é possível que tenha sangue, não utilizar demasiadamente o produto de modo a prejudicar a coleta e saber diferenciar a substância através dos diferentes níveis de intensidade da quimioluminescência. Tudo isso ajuda o perito a não se apavorar em frente a uma cena que possivelmente seria digna de um filme de terror *gore*.

Fui chamado para fazer exame em um local onde possivelmente teria ocorrido um infanticídio. De início, era em uma cidade distante 150 km do Departamento. Já no final da viagem, descobrimos que parte da estrada era íngreme, o local era em um morro e sem pavimentação, composta

---

[35] Vasconcellos & Paula. *Revista Criminalística e Medicina Legal*. n. 1, v. 2, 2017.

de barro, água e buracos. Para completar, na metade do percurso começou um temporal fortíssimo que dificultava muito a visão do motorista. Depois de um bom tempo de deslocamento, aumentado pelas dificuldades do percurso, chegamos na humilde residência de madeira.

Iniciei os exames pelo banheiro, onde facilmente identifiquei uma mancha azul no rejunte do piso que, pela coloração e intensidade, possivelmente seria sangue humano. Fiz coleta do material do local de acordo com o procedimento operacional padrão. Poderia ter encerrado o exame por ali, mas resolvi aproveitar a quantidade de Luminol que havia para examinar outras peças da residência.

Fui para um dos dormitórios onde joguei o Luminol no piso, que depois de alguns segundos, iniciou um brilho fraco. Joguei o produto nas paredes e até no teto com o mesmo resultado. Um policial que nos acompanhava entrou neste momento e ficou perplexo, pois parecia que a aurora boreal se apresentava dentro do quarto. Apavorado, confessou que já começara a pensar que não fora apenas um infanticídio que havia ocorrido ali, mas sim uma chacina. Expliquei-lhe que possivelmente aquilo não era sangue, devido às características do brilho serem diferentes. Para dirimir qualquer dúvida, eu coletei material das paredes e do piso e encaminhei para o laboratório cujos exames resultaram negativo para sangue.

Em outra ocasião, um colega me ensinou sobre o efeito psicológico do Luminol. Era um exame em uma residência onde um homem estava sendo acusado de matar a namorada. O perito chegou no local junto dos policiais civis que tinham um mandado para fazer os exames na casa do suspeito, que quis acompanhar os exames. O perito jogou o Luminol no piso do banheiro e logo um brilho azulado se fez presente. Imediatamente o delegado gritou:

– É sangue.

Em seguida o suspeito falou em voz trêmula:

– Eu confesso, eu matei ela.

Claro que o perito não quis entrar no mérito de dizer se aquilo era sangue ou não; apenas testes posteriores poderiam confirmar. Mas o efeito psicológico foi eficaz.

SAIDINHA

Era um local completo, tinha de tudo: cadáver, sangue, veículo atingido por projéteis, acidente de trânsito, curiosos, polícia militar, polícia civil e, os últimos a chegarem, a equipe da perícia. Sempre digo que a perícia é o marido traído: sempre o último a saber. Há uma corrente de acontecimentos até a nossa chegada na ocorrência. Alguns burocráticos, outros simplesmente de causa humana. Assim que acontece um homicídio em via pública, que se presume que tenha sido uma infração penal, a ordem de chegada dos participantes pode ser assim:

• Populares: imediatamente, depois de passado o susto inicial e, presumidamente, o perigo, chegam os primeiros populares. Alguns se preocupam em verificar se a vítima precisa de socorro, outros apenas estão ali para participar. E ainda tem aqueles que filmam e fotografam tudo para colocar nos grupos de *Whatsapp*.

- Polícia militar: o número que primeiro vem na cabeça de todo mundo quando se necessita da segurança pública é o 190, que aciona a polícia militar. Pelo seu caráter ostensivo, ela, em muitos casos, é o representante da segurança pública mais próximo do local e o primeiro a chegar. Dependendo do caso, o SAMU pode ter sido acionado também. Constatando-se que se trata de uma possível infração penal a ser investigada, acionam a polícia civil. ·

- Mais populares: as notícias do crime já começaram a se espalhar pela vizinhança. As fotos começaram a circular nas redes sociais e pessoas que não presenciaram o fato se deslocaram para ver o que tinha acontecido e, se possível, ver o morto.

- Polícia civil: chega no local para atender o prescrito no artigo 6º do CPP. Constatando que se trata de uma possível infração que deixa vestígios, acionam a perícia.

- Mais populares: as fotos, os vídeos e as fofocas atingiram outros níveis de dispersão e mais pessoas continuam chegando à medida que o tempo passa.

- Imprensa: em casos de repercussão, pode haver diversos veículos de informação presentes fazendo a cobertura do local. Muitos destes são avisados por próprios servidores da segurança pública. Em casos de menor repercussão, aparecem somente aqueles repórteres de programas sensacionalistas que exploram a violência como manchete diária. E tem muitos casos, creio que a maioria, em que não há nenhum representante da imprensa, seja porque a vítima era apenas um cidadão comum cuja vida e morte não teriam nenhum apelo jornalístico e que não geraria nenhum interesse popular, a não ser o das pessoas que habitam a área onde ocorreu o fato.

- Mais populares: o público aumenta à medida que o tempo passa. Todos aguardam ansiosamente o momento em que o perito vai levantar o lençol que cobre o cadáver.

- Perícia criminal: atendendo à solicitação feita pela polícia civil, a equipe da perícia chega no local e dá início aos trabalhos.

Edmond Locard dizia que "o tempo que passa é a verdade que foge". Quanto mais tempo se passa entre uma infração penal e o exame pericial, menos vestígios verdadeiros poderão ser encontrados. Quanto mais tempo se passa, maior é a probabilidade de objetos terem mudado de lugar e pessoas terem adentrado o local, ainda mais quando se trata de local aberto e em via pública.

O vestígio é o material bruto que o perito constata no local do crime ou faz parte do conjunto de um exame pericial qualquer. Porém, somente após examiná-lo adequadamente é que se pode saber se aquele vestígio está ou não relacionado ao evento periciado.

Vestígio verdadeiro é uma depuração total dos elementos encontrados no local do crime. Somente são verdadeiros aqueles produzidos diretamente pelos autores da infração e, ainda, que sejam produtos diretos das ações do cometimento do delito em si.

Vestígio ilusório é todo elemento encontrado no local do crime que não esteja relacionado às ações dos atores da infração e desde que a sua produção não tenha ocorrido de maneira intencional.[36]

---

[36] Curso Preservação de local de crime. Módulo 1,SENASP/MJ.

Há grande variação das características particulares dos diversos locais de crime, entre si; esses locais serão sempre lugares situados ao ar livre ou recintos fechados. Por isso, a divisão dos locais de crime em abertos e fechados, podendo os fatos delituosos começarem em locais ao ar livre e as ações prosseguirem para um recinto fechado, ou vice-versa.[37]

Era um local aberto no qual o histórico era o seguinte: um indivíduo havia saído de um banco com uma certa quantia em dinheiro e foi abordado por dois assaltantes que estavam em uma motocicleta, dos quais um estava armado. Com uma reação rápida, a vítima conseguiu tomar a arma do assaltante e efetuou tiros contra a dupla. Ao tentar escapar, o motociclista colidiu o veículo contra um caminhão que estava estacionado a poucos metros.

O isolamento era amplo, porém, não abarcava a totalidade dos vestígios, pois um veículo que se encontrava a mais de cinquenta metros de distância do local havia ficado de fora da área de preservação. Para isso, seria necessário interromper uma outra via perpendicular. Não havia fita de isolamento suficiente, mas havia policiais guarnecendo o local relacionado.

Geralmente começo os exames no entorno do cadáver, nas roupas e nas lesões aparentes por um motivo principal: quando o cadáver sai de cena, a maior parte dos curiosos sai junto. Porém, em alguns casos, antes de mexer no corpo, é preciso coletar os diversos elementos que possam estar no seu entorno. Retirar o cadáver antes de coletar os vestígios

---

[37] Dorea, Luiz Eduardo Carvalho et al. *Criminalística*. 2. ed. Campinas, SP. Millennium, 2003.

próximos pode colocá-los em risco de perda, contaminação etc. Neste caso, considerando que o isolamento era amplo e havia um número considerável de policiais responsáveis pelo guarnecimento e isolamento, dei preferência pela coleta dos vestígios que poderiam ser perdidos facilmente. Porém, logo minha atenção se focou em uma parte que não estava muito bem guarnecida do isolamento, onde havia somente um policial. Em frente ao policial parou um carro sedan, de cor bordô, de onde saíram quatro indivíduos que começaram a se deslocar em direção à área isolada. Imediatamente o policial se interpôs e deu ordem que parassem, pois era um local de crime, uma área preservada por lei e eles não tinham permissão para adentrar. Os indivíduos começaram a se demonstrar mais insistentes, partindo em direção ao policial que prontamente sacou sua arma e começou a se impor de forma mais agressiva. O papiloscopista da nossa equipe percebeu o que acontecia e alertou os outros policiais que, por estarem longe, não haviam percebido a tentativa de invasão. Rapidamente os policiais contiveram todos ocupantes do veículo bordô e pudemos continuar nossos exames mais tranquilamente.

O perito geralmente está concentrado nos vestígios e exames a serem feitos e não presta atenção no que acontece a sua volta. A função da fita de isolamento é proteger os vestígios ali presentes, mas também dar a segurança necessária para que os exames e as coletas possam ser feitos.

Mas falhas acontecem, como pude perceber em uma outra oportunidade. Era um exame de local de homicídio no meio da madrugada, em um bairro com altos índices de violência de uma cidade da região metropolitana. Logo na chegada vi que o isolamento era muito pequeno e abarcava apenas uma pequena parte do local. Solicitei aos policiais responsáveis pelo isolamento que ampliassem a área, o que foi prontamente atendido. Porém, seria necessário pegar mais fitas de isolamento e por um curto espaço de tempo o local ficou mal guarnecido, mas decidi dar prosseguimento aos exames. O cadáver estava sobre a calçada e era possível verificar que havia uma lesão com características semelhantes àquelas produzidas pela entrada de projétil expelido por cano de arma de fogo[38]. Dentro do bolso do casaco havia um invólucro medindo aproximadamente dez centímetros de diâmetro contendo pó branco. Na minha maleta eu trazia material para proceder o teste de Scott.

O teste de Scott é um experimento que foi desenvolvido por L. J. Scott Jr., no ano de 1973. Seu objetivo era detectar a cocaína por meio de uma reação química que envolve o composto chamado "tiocianato de cobalto":

No Brasil e em grande parte do mundo, as polícias científicas se utilizam do teste do tiocianato de cobalto, um teste colorimétrico, também conhecido como um tipo de Spot Test, para identificar a droga. Para realizá-lo, adicionam-se gotas de ácido clorídrico em solução 1:5 à amostra de cocaína. O ácido, então, converte a base livre em cloridrato de cocaína, promovendo sua solubilidade. Posteriormente, adiciona-se uma solução de tiocianato de cobalto. Resultados positivos são identificados pela formação de um precipitado azul turquesa, devido à formação

---

[38] É dessa forma que prefiro me referir às lesões. Quem tem competência para caracterizar a lesão é o perito médico-legista. Por isso coloco que a lesão tinha características compatíveis com entrada de projétil de arma de fogo e não que ela era uma entrada de projétil de arma de fogo. Em caso de divergência, o juiz geralmente opta pelo laudo do perito médico-legista quando se refere a exames do cadáver.

de um complexo entre o cobalto e o alcaloide cocaína que pode ser descrito pela fórmula [Co(alcaloide)2](SCN)2. O teste não é específico dando resultados positivo para a atropina, heroína, salicilato de nicotina e a lidocaína[39].

Separei parte do material e realizei o teste no local. Logo obtive a coloração azulada, confirmando que se tratava de alguma das substâncias citadas. Assim que finalizei o teste, ouvi uma voz atrás de mim, por cima do meu ombro:

– Bah, que legal, por que ficou azul?

Virei e me deparei com um homem que não parecia fazer parte de nenhuma das forças de segurança pública. Percebi que ele estava em uma área onde o isolamento era falho e os policiais responsáveis pelo guarnecimento estavam aumentando a área isolada no lado oposto.

– Por que isso aqui é talco – respondi imediatamente, recolhendo tudo que tinha ao meu alcance.

Sem muito alarde, chamei um colega e fiz sinal com a cabeça apontando para o indivíduo que estava próximo a mim, que parecia não entender muito bem o que estava acontecendo. Ele entendeu o sinal e avisou os policiais que prontamente foram retirar o indivíduo de dentro da área isolada. Talvez fosse apenas um curioso, mas com aquela quantidade de possíveis drogas preferi não arriscar.

---

[39] Cruz, Regina Alves da; Guedes, Maria do Carmo Santos. *Cocaína: aspectos toxicológico e analítico.* Revista Eletrônica FACP Ano II, – n. 04, – Dezembro dezembro de 2013.

COBRIR OU NÃO COBRIR, EIS A QUESTÃO

É comum o perito criminal chegar no local do crime e o cadáver estar coberto, seja por um pano, lençol, cobertor etc. Os agentes de segurança pública responsáveis pelo isolamento e preservação do local, que chegam antes dos peritos criminais, muitas vezes informam que o cadáver já estava coberto antes mesmo de eles chegarem. Outros dizem que cobriram o cadáver para acalmar os ânimos da população e preservar a imagem do indivíduo morto.

Mas este é um procedimento correto?

Vamos a alguns pontos importantes.

Desde o momento em que um crime ocorre até a chegada dos peritos criminais, algum tempo se passa. Nesse tempo, muitas coisas acontecem. O ideal seria que, assim que o crime tivesse ocorrido, o local fosse "congelado" para então ser examinado pelos peritos, mas sabemos muito bem que não é isso que ocorre. Na maior parte das vezes, devido a alguns procedimentos operacionais, a "perícia demora para chegar". Isso ocorre porque os peritos são sempre os últimos a serem acionados. Quanto maior o tempo entre a ocorrência do crime e o início dos exames periciais, maior a probabilidade de vestígios importantes serem perdidos e vestígios ilusórios (aqueles que não tem relação com o crime) serem incluídos na cena do crime.

No momento em que qualquer pessoa inclui, posteriormente, na cena do crime, um objeto que não estava ali no momento em que ocorreu o delito, este será um vestígio ilusório que poderá interferir na definição da dinâmica do evento. Logo, cobrir um corpo é adicionar um elemento que não fez parte da dinâmica do crime ocorrido.

Muitas vezes, o cadáver é coberto por um lençol ou um cobertor fornecido por alguém que mora nas proximidades de onde ocorreu o fato. Este objeto, contendo vestígios como pelos, cabelos, salivas etc. adicionará informações não relacionadas ao crime, o que vai prejudicar a análise do local.

O melhor, para o exame pericial, seria deixar o corpo exatamente como foi encontrado pela primeira vez, sem acrescentar ou retirar nada.

Porém, na prática não é tão simples assim.

Fatores como chuva e vento podem prejudicar também os vestígios que se encontram no cadáver e em suas vestes. Também deve-se levar em consideração o fator humano: a exposição do corpo em uma via movimentada pode atrair mais curiosos e gerar uma comoção pública que, dependendo da proporção, pode alterar totalmente a cena do crime. Neste caso, cobrir o cadáver pode até ser a melhor forma de preservar a cena do crime. Os agentes responsáveis pelo isolamento e preservação muitas vezes precisam tomar decisões rápidas e eficazes em questão de segundos.

Concluindo:

– Se puder evitar cobrir o cadáver, mantendo a cena exatamente como estava no momento em que o crime ocorreu, melhor evitar.

– Se tiver que cobrir para melhor preservar o cadáver e a situação local, que o faça com um objeto que não tenha sido utilizado antes e que não vá conter outros vestígios, como um saco de lixo não utilizado anteriormente, por exemplo.

A VIDA DE PERITO E A VIDA PESSOAL

Embora eu já esteja acostumado com a minha profissão, depois de mais de 15 anos me dedicando a ela, ainda há algumas coisas que eu preciso me policiar em alguns momentos da minha vida pessoal. Os assuntos com que lido e estou acostumado a estudar e me manter informado geralmente não são os mais propícios a serem abordados em rodas de amigos ou pessoas pouco conhecidas. Para mim, é natural falar sobre a diferença das lesões produzidas por instrumentos cortantes das produzidas por instrumentos cortocontundentes ou as principais características que diferem estrangulamento, enforcamento e esganadura. Quando estou entre colegas de profissão, estes assuntos saem naturalmente, mas quando estou entre outras pessoas, preciso pensar se são informações interessantes de serem compartilhadas.

Como qualquer outra profissão, os profissionais da perícia precisam conciliar suas horas de trabalho com sua vida pessoal. Por diversas vezes, para me dedicar melhor a um caso, extrapolei horas de trabalho e sacrifiquei períodos de folga retornando a locais examinados anteriormente ou acompanhando necropsias. Meu senso de dever e minha curiosidade me impedem que eu me dedique menos ao trabalho. Em 2013, iniciei a faculdade de psicologia, concomitantemente com minha profissão de perito criminal. É uma área que tenho grande interesse e gostaria de adquirir os conhecimentos necessários para aplicar na minha atividade profissional. Por algumas incompatibilidades de horário e outros problemas pessoais, acabei não finalizando o curso, o que ainda pretendo fazer um dia, tamanho interesse que tenho no assunto. Durante um dia de aula da faculdade precisei faltar aos primeiros períodos, pois fui realizar os exames nos veículos do caso do matador de taxistas, já relatado anteriormente. Nos exames de coleta de material orgânico, um dos principais cuidados que o perito deve tomar é não contaminar o local com seus vestígios: cabelo, saliva, suor etc. Para evitar este problema, é necessário que o perito utilize a vestimenta adequada, que consiste em um macacão branco que cobre todo o corpo, os membros e a cabeça. Complementando a vestimenta, o perito deve usar luvas, óculos de proteção e máscara. Muitas pessoas pensam que no sul do Brasil só faz frio, mas estão enganadas. No verão, as temperaturas passam dos 30ºC e não raro atingem a marca de 35ºC. Até mesmo na primavera existem períodos em que as temperaturas atingem altos patamares. Imaginem usar essa vestimenta quando os termômetros marcam próximo dos 30ºC. Foi o que aconteceu naquele dia. Após os exames, a roupa que eu usava estava encharcada de suor. O macacão fez o seu papel e conteve qualquer contaminação que eu pudesse cometer nos exames. Porém, minha aparência não era das melhores, parecia que eu tinha sido engolido por uma baleia e cuspido depois. Ainda assim, não queria perder uma importante aula de estatística da faculdade. Tenho certeza de que minha aparência deve ter assustado até o mais corajoso dos colegas. Ainda mais que eu carregava comigo duas maletas do trabalho a tiracolo, além da mochila com material de aula. Poderia ser facilmente confundido com um morador de rua. Fiquei surpreso por terem me deixado entrar na universidade naquele dia.

Muitas vezes, após um cansativo plantão, tudo que queremos é apenas voltar para casa, tomar um banho quente e descansar. Porém, nem sempre tudo sai como esperamos.

Era para ser meio plantão: apenas 12h de trabalho. Qualquer otimista pensaria que a probabilidade de acontecerem grandes ocorrências neste curto período de tempo seria muito pequena. Eu, como um pessimista nato, sempre me preparo para o pior. Quando algo bom acontece, a surpresa é boa. Quando algo ruim acontece, eu já estou preparado e nem me decepciono. Neste dia não foi diferente. Depois de uma manhã tranquila com apenas um suicídio, a tarde começou agitada com um duplo homicídio na zona sul da cidade. Porém, os exames foram divididos em dois locais. Houve tentativa de socorro a uma das vítimas por familiares que a colocaram em um veículo e tentaram levar ao hospital mais próximo. No meio do caminho se depararam com uma ambulância do SAMU e pediram ajuda, mas era tarde demais. A vítima faleceu na calçada. Então, neste primeiro local havia o cadáver com diversas lesões produzidas por projéteis de arma de fogo, nenhum elemento de munição ou arma no local (estojo ou projéteis) e um automóvel com diversas manchas de sangue no interior. Depois de examinado este local, precisamos nos deslocar mais alguns quilômetros para a sede dos acontecimentos e onde estava o outro corpo. Era uma edificação pequena em que os atiradores entraram e executaram as vítimas com projéteis de calibre 9mm. Além do cadáver, havia diversas manchas de sangue, possivelmente do outro corpo, e muitos elementos de munição sobre o piso, o que dava uma ideia do que havia acontecido ali.

Mal havíamos chegado no local e já recebemos a notícia de que outro duplo homicídio havia ocorrido na zona norte da cidade. Apesar disso, precisava fazer o exame no local com todo o cuidado, sem pressa, para não deixar passar nenhum vestígio importante. Terminados os exames, iniciamos o deslocamento o mais rápido possível, pois fora informado que se tratava de local aberto, em via pública, e nossa demora estava gerando certa comoção popular. Agora entra a questão de porque nossas viaturas devem ter sirene e deveríamos poder avançar sinal vermelho nos semáforos. A perícia criminal não está prevista no artigo 144 da CF:

Art. 144. A segurança pública, dever do Estado, direito e responsabilidade de todos, é exercida para a preservação da ordem pública e da incolumidade das pessoas e do patrimônio, através dos seguintes órgãos:

I – polícia federal;

II – polícia rodoviária federal;

III – polícia ferroviária federal;

IV – polícias civis;

V – polícias militares e corpos de bombeiros militares.
VI – polícias penais federal, estadual e distrital.

O dispositivo legal é taxativo: perícia criminal não consta ali, então não faz parte da segurança pública. A princípio, em uma fria leitura, a perícia criminal não está prevista ali, porque, em tese, deveria fazer parte da polícia civil. Mas é um assunto que não vem ao caso.

Respeitando as leis do trânsito, conseguimos chegar no local o mais rápido possível e o que se via é o típico local em via pública, em um sábado, durante o dia. Diversas pessoas em volta da fita de isolamento e os policiais passando trabalho para fazer o isolamento e a preservação do local de forma correta. Os dois corpos estavam sobre a calçada, um distante aproximadamente três metros do outro e, no entorno, dezenas de elementos de munição. Procedi inicialmente a identificação dos estojos e projéteis de arma de fogo que estavam sobre a calçada e via pública e liberei logo os cadáveres, sem fazer o registro das lesões, fotografando apenas a posição em que foram encontrados, como preconiza o Código de Processo Penal:

> *Art. 164. Os cadáveres serão sempre fotografados na posição em que forem encontrados, bem como, na medida do possível, todas as lesões externas e vestígios deixados no local do crime.*

Tomei esta decisão por questão de segurança nossa e da equipe da polícia que nos acompanhava, pois a população já estava em polvorosa com a nossa demora e, assim que descobri um dos cadáveres, amigos e familiares começaram a protestar de forma mais acintosa. Sabia que se fizesse o exame completo nos cadáveres ali, seria difícil conter os populares que poderiam invadir o isolamento e prejudicar os vestígios que ali estivessem, assim como gerar conflito com os policiais responsáveis pelo isolamento. Não eram as condições ideais de trabalho, mas precisamos nos adaptar a cada cenário diferente.

Assim que terminamos a coleta de vestígios no local, dirigi-me ao IML para acompanhar as necropsias e fazer os registros necessários. Voltamos para o departamento às 21h30, um hora e meia após acabar nosso turno. Embarquei no meu automóvel e fui embora. Na estrada, percebi que o volante puxava para esquerda. Desci do carro e vi que o pneu dianteiro direito parecia mais vazio. "Esse dia infernal não acaba mais", pensei comigo. No posto de gasolina mais próximo pedi indicação de um borracheiro que pudesse estar aberto naquele horário. Por sorte, havia um a poucos quilômetros de distância que consertou o pneu em poucos minutos. Logo finalmente pude ir para casa e ter o merecido descanso.

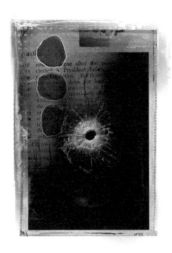

SONO

A privação de sono pode trazer consequências para o bom rendimento do ser humano. No dia de plantão, não raro passamos mais de 24 horas sem dormir. Por isso, sempre que possível, é recomendado que o perito descanse entre um exame e outro.

Havia sido um dia corrido e toda a equipe estava cansada. Mas os meliantes não estão preocupados com isso e continuam cometendo crimes sempre que possível. Era madrugada quando a equipe foi acionada para mais um local de homicídio em via pública. Durante o trajeto, o papiloscopista acabou dormindo na viatura. Quando chegaram no local, o perito e o fotógrafo desceram da viatura e começaram a fazer os exames. Decidiram que não havia nenhum elemento para o papiloscopista examinar e preferiram não acordá-lo, deixando-o descansar na viatura. Terminados os exames, retornaram para a base. Assim que chegaram no departamento, acordaram o papiloscopista da equipe. Ele, sonolento, achou que tinha chegado no local do crime. Desceu da viatura com maleta na mão, viu o prédio a sua frente e exclamou:

– Puxa, esse local parece o Departamento de Criminalística!

Em outra ocasião, a equipe chegou no local do crime e o motorista estacionou a viatura atrás do rabecão dos técnicos responsáveis pelo recolhimento do cadáver. A equipe desceu e iniciou os exames no local enquanto o motorista aproveitou para recuperar as forças dormindo, pois era madrugada, o dia tinha sido movimentado e ele precisava estar descansado para garantir a segurança da equipe durante o longo trajeto de volta.

Ele acordou com o barulho do rabecão ligando e indo embora. Ainda meio sonolento, achou que a equipe da criminalística já havia embarcado na sua viatura, ligou o carro e foi embora, seguindo o rabecão. Porém, o perito havia liberado o cadáver antes de terminar o exame no local, usando esta tática para afastar os curiosos da área. Aconteceu que o motorista estava sozinho no carro e foi se dar conta disso alguns minutos depois de ir embora. A equipe no local ficou olhando sua viatura ir embora sem entender o que estava acontecendo. Felizmente o colega voltou poucos minutos depois.

Nem sempre é o sono que atrapalha o trabalho, mas sim uma pequena falha na comunicação entre os servidores. O motorista conduzia a viatura e, ao seu lado no banco do passageiro estava o fotógrafo; a perita ia no banco de trás. Eles estavam viajando para uma cidade distante para realizar exames periciais agendados. Em determinado momento resolveram parar em um posto de gasolina para comprar bebida e alimento. O motorista perguntou se a perita queria algo do posto e ela respondeu que não e que ia aguardar na viatura. Tanto o motorista como o fotógrafo desceram e foram fazer um lanche. Nesse meio tempo, a perita teve necessidade de ir ao banheiro e saiu. Quando o motorista e o fotógrafo retornaram, ela ainda não havia voltado para a viatura. Porém, eles não viram que ela não estava ali, entraram no carro e foram embora. Era uma época que ainda não existiam telefones celulares, então a perita não conseguia avisar que se esqueceram dela. Quase uma hora depois, o motorista achou que ela estava muito tempo em silêncio e levou um susto quando olhou para o banco de trás e não a viu ali. Teve que retornar ao posto de gasolina para buscar a perita que, desolada, estava imaginando como iria sair daquela situação.

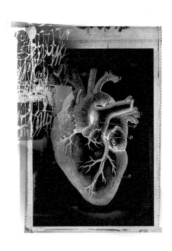

UM EXAME IMPORTANTE

O setor em que estou lotado é responsável por diversos exames externos, sendo que a maioria destes é relacionado à morte violenta com suspeita de ter sido ocasionada por uma infração penal. Por vezes, ainda somos acionados para fazer perícias em casos que não envolvem morte, mas em qualquer outra ação na qual há suspeita de que seja uma infração penal e deixe vestígios.

> *Art. 158. Quando a infração deixar vestígios, será indispensável o exame de corpo de delito, direto ou indireto, não podendo supri-lo a confissão do acusado.*

Relatei no livro anterior que já fomos acionados para fazer exame de local de atropelamento de cachorro, tiro de arma de ar comprimido em passarinho e tiro que na verdade as pessoas "partiram em disparada". Também já aconteceu de chegarmos em determinado local para exame de furto e arrombamento e o estabelecimento estar fechado, sem ninguém para nos receber.

Em outra ocasião, nos deparamos com uma casa fechada, mas com manchas de sangue no seu interior. Era um dos primeiros locais que eu ia e ainda estava em treinamento, acompanhando um perito mais antigo. Descobrimos que uma janela da frente estava destrancada, porém o acesso era difícil. Como eu era o mais novo – e possivelmente o mais empolgado por isso – voluntariei-me para entrar na edificação por aquele acesso improvisado. Não foi fácil, mas consegui, mas não sem custo. Minha calça enganchou em uma parte danificada da moldura metálica da janela e rasgou, mas por sorte não me feri.

Por vezes, nos deparamos com situações em que nos perguntamos por que fomos chamados. Era dia 20 de dezembro e uma solicitação de perícia chegou ainda na parte da manhã. O histórico era bem sucinto: referia apenas que havia ocorrido um tiro no endereço indicado, uma cidade distante aproximadamente cem quilômetros do Departamento. Depois de uma viagem de mais de uma hora, chegamos no endereço indicado e não encontramos nenhuma área isolada, tampouco viaturas policiais. Entrei em contato com o número de telefone repassado na solicitação e contatei o policial civil da cidade vizinha, cuja delegacia também era responsável por aquela pequena cidade onde deveria ser feita a perícia. O policial informou que estava sozinho no momento, mas logo que chegasse o seu colega, ele iria se deslocar para onde estávamos. Neste meio tempo, resolvi descobrir por que estávamos ali e por que não havia nenhum isolamento no local. Cheguei junto ao portão do terreno do endereço citado e bati palmas, chamando pelos moradores. Logo um homem apareceu e me identifiquei. Informei que havíamos sido solicitados a fazer exame pericial em um local onde haviam sido dados tiros e perguntei se era naquela edificação. Ele informou que sim, abriu o portão e disse que ia nos conduzir até onde deveriam ser feitos os exames. Fomos até a entrada da casa e ele apontou para a porta, onde havia uma perfuração na porção inferior, com características semelhantes àquelas produzidas pela entrada de projétil expelido por cano de arma de fogo. Era uma porta metálica e no entorno da perfuração a camada de tinta estava estragada e era possível ver pontos de ferrugem ali. Indaguei o morador da casa sobre quando teria ocorrido o tiro e ele falou que havia sido em 23 de novembro, ou seja, há quase um mês. Ele falou ainda que o tiro tinha transfixado a porta e acertado a televisão, mas não tinha ferido ninguém. Perguntei onde estava o aparelho e ele respondeu que já havia sido colocado no lixo. Ou seja, um local antigo e alterado.

> *Art. 169. Para o efeito de exame do local onde houver sido praticada a infração, a autoridade providenciará imediatamente para que não se altere o estado das coisas até a chegada dos peritos, que poderão instruir seus laudos com fotografias, desenhos ou esquemas elucidativos.*
>
> *Parágrafo único. Os peritos registrarão, no laudo, as alterações do estado das coisas e discutirão, no relatório, as consequências dessas alterações na dinâmica dos fatos.*

Ainda que o Código de Processo Penal determine que mesmo locais desfeitos e/ou alterados devam ser examinados, sabemos que se torna muito difícil fazer qualquer consideração técnica em vestígios suprimidos ou modificados. Sem contar que "o tempo que passa é a verdade que foge", conforme o dito de Edmond Locard.

UMA COMBINAÇÃO DE ODORES

"Adoro o cheiro de putrefatos pela manhã"[40]. É algo que você nunca vai me ouvir dizer. É algo que pode estragar o resto do seu plantão, pois o forte cheiro fica impregnado na roupa e nos cabelos, entra nas suas narinas e boca e lhe acompanha por algum tempo. Foi com essa sensação que recebi a informação de que fomos acionados para examinar um local de encontro de cadáver putrefato. A única vantagem aparente era que se tratava de um local aberto.

Porém, ao chegarmos lá, verificamos que ficava perto de uma fossa séptica. Não era possível identificar qual

---

[40] Referência a famosa frase "Adoro o cheiro de napalm pela manhã" proferida pelo Tenente Coronel Bill Kilgore (interpretado por Robert Duvall) no filme *Apocalipse Now*, dirigido por Francis Ford Coppola e estrelado por Martin Sheen e Marlon Brando. No filme, o oficial das Forças Especiais Capitão Willard (Sheen) é enviado para a selva com ordens ultra-secretas para encontrar e matar o renegado Coronel Kurtz (Brando), que montou seu próprio exército dentro da selva. À medida que Willard desce para a selva, ele é lentamente dominado pelos poderes hipnotizantes da selva e luta contra a insanidade que o cerca. Sua tripulação do barco sucumbe às drogas e é morta lentamente, uma a uma. À medida que Willard continua sua jornada, ele se torna cada vez mais parecido com o homem que foi enviado para matar. Baseado no romance *O coração das trevas*, de Joseph Conrad.

cheiro era mais forte: o do cadáver putrefato ou da fossa. O corpo encontrava-se com características tanto da fase gasosa quanto da coliquativa, ou seja, estava em um estágio misto entre as duas.

Período gasoso ou enfisematoso. Do interior do corpo, vão surgindo os gases de putrefação (enfisema putrefativo), com bolhas na epiderme, de conteúdo líquido hemoglobínico. O cadáver toma um aspecto gigantesco, principalmente na face, no abdome e nos órgãos genitais masculinos, dando-lhe a posição de lutador. Nota-se a projeção dos olhos e da língua e a distensão do abdome, o qual permite um som timpânico pela percussão.

Período coliquativo ou de liquefação. Progressivamente o cadáver alcança a fase de dissolução pútrida, cujas partes moles vão pouco a pouco reduzindo-se de volume pela desintegração progressiva dos tecidos. O corpo perde sua forma, a epiderme se desprega da derme, o esqueleto fica recoberto por uma massa de putrilagem, os gases se evolam e surge um grande número de larvas de insetos.

As feições estavam deformadas pelas transformações putrefativas: o rosto estava inchado, olhos e língua estava projetados, parte da bochecha estava ausente, possivelmente devido ação de animais necrófagos, a pele adquirira uma coloração pardacenta enegrecida e placas da epiderme se destacavam e grudavam nas nossas luvas à medida que manipulávamos o cadáver. Larvas e ovos de insetos estavam depositados nos olhos, narinas e lesões. A visão era tão agradável quanto o cheiro.

O cadáver estava enrolado em um cobertor grosso, o que acelerou as transformações putrefativas. Cada movimento que fazíamos no corpo, um cheiro mais forte adentrava em nossas narinas. Assim que o liberamos, comecei a fazer os exames no entorno e encontrei alguns baldes próximos que eu precisava saber o que havia em seu interior, pois poderiam ter alguma relação com o caso. Quando consegui abri-los, me deparei com vários corpos de galinhas mortas, possivelmente provenientes de algum ritual religioso. Se há algum castigo para quem mexe nessas oferendas, eu certamente paguei instantaneamente, pois o cheiro que veio de dentro dos baldes conseguia ser pior ainda que do cadáver e da fossa séptica juntos.

Caso semelhante ocorreu em outra ocasião, quando fui acionado para examinar um local onde havia ocorrido uma morte por esgorjamento.

Muitas pessoas utilizam os termos esgorjamento e degolamento de forma equivocada. O esgorjamento ocorre quando é feita uma lesão incisa ou cortante na face anterior ou lateral do pescoço. Quando a ferida incisa é na face posterior do pescoço, chama-se degola ou degolamento. Quando há separação da cabeça do corpo do cadáver, seja por esgorjamento ou degolamento, chama-se decapitação.[41]

O corpo encontrava-se enrolado em uma lona preta de caminhão e foi abandonado em uma praça. Fora encontrado por transeuntes em torno do meio-dia. Distante aproximadamente dois metros à direita do cadáver havia um saco plástico preto de dimensões menores. O peso indicava que havia algo ali dentro e não era leve. Quando abri-o, me deparei com o corpo de um cachorro que apresentava lesões produzidas por arma branca. Posteriormente vim a descobrir que tratava-se do cachorro da vítima que acabara sofrendo o mesmo destino.

---

[41] Definição do autor.

ENTERRADOS

Não raro precisamos examinar locais de vítimas de homicídios que, para tentativa de ocultação de seu cadáver, foram enterradas, geralmente em locais ermos. No livro anterior, contei da experiência que tive de um cadáver enterrado no centro da cidade, uma área extremamente urbana. Existem outros casos interessantes a serem contados.

Era mais um chamado no início da manhã, logo após o começo do plantão. O histórico informava que, durante uma obra realizada em um terreno na zona norte da cidade, fora encontrado um pé humano. A maioria dos chamados é para examinar locais de morte onde há um cadáver, seja ele completo ou em partes. Raramente acontecem esses chamados para examinar local onde tem apenas uma parte de um corpo humano.

Nos deslocamos para o endereço referido e lá, além do policiamento de praxe, encontramos também máquinas pesadas, como retroescavadeiras. Era uma área de construção que, durante as escavações, o referido membro do cadáver foi encontrado. Assim que a descoberta foi feita, pararam tudo e acionaram a polícia que, seguindo o determinado pelo Código de Processo Penal, fez o acionamento da perícia.

Encontramos o pé e parte da perna esquerda em cima de um monte de terra. Ele tinha vestígios de ter sido arrancado do resto do corpo, possivelmente pela ação da retroescavadeira. Começamos a remexer a terra onde indicaram que haviam encontrado o membro e logo achamos o restante do cadáver, porém, sem o pé direito. Tratava-se do corpo de uma mulher, do tamanho de um adulto pequeno em estado de putrefação, aparentemente na fase coliquativa. No punho esquerdo havia um relógio analógico que estava parado e marcava 3h23min e duas pulseiras. No pescoço, uma extensa lesão com características semelhantes àquelas produzidas pela ação de instrumento cortocontundente.

Lesões produzidas por ação cortocontundente: são ferimentos produzidos por instrumentos que, mesmo sendo portadores de gume, são influenciados pela ação contundente, quer pelo seu próprio peso, quer pela força ativa de quem os maneja. Sua ação tanto se faz pelo deslizamento, pela percussão, como pela pressão. São exemplos desse tipo de instrumento: a foice, o facão, o machado, a enxada, a guilhotina, a serra elétrica, as rodas de um trem, a tesoura, as unhas e os dentes.[42]

Junto do corpo havia uma enxada que apresentava dimensões e características compatíveis com o objeto encontrado. Possivelmente ele tenha sido utilizado para causar a morte daquele indivíduo.

---

[42] França, Genival Veloso de. *Medicina Legal*. 11. ed. Rio de Janeiro: Guanabara Koogan, 2017.

Continuamos a escavar o local com os instrumentos disponíveis (pá e enxadas emprestadas pelos funcionários do local), mas não foi possível encontrar o pé do cadáver. Depois de algumas horas de tentativa, acabamos desistindo. Pensei até que poderia ser o caso de um troféu[43] levado pelo assassino. Mas esta teoria não durou mais que 24h. A obra seguiu e no dia seguinte encontraram o pé faltante.

Em outra situação, não pudemos contar com auxílio de ferramentas. No histórico da ocorrência, constava apenas que um cadáver havia sido encontrado em uma área rural, acessada através de longas estradas sem pavimentação. Para aumentar as dificuldades, durante o trajeto, iniciou uma chuva moderada que seria suficiente para atrapalhar os exames e encharcar nossas roupas. Apenas o papiloscopista da equipe fora prevenido o suficiente para ter trazido uma capa de chuva. Como era um local que dificilmente teria algo a ser submetido a exame papiloscópico, ele me emprestou a capa e aguardou na viatura enquanto que eu o avisaria se precisasse da sua ajuda. Enquanto isso, o fotógrafo providenciava uma capa de chuva improvisada com um saco de carregar cadáveres.

Fomos conduzidos de viatura até onde era possível. Depois, era necessário percorrer algumas dezenas de metros em meio à vegetação e sob chuva. A quantidade de árvores e arbustos, somado aos pingos de chuva prejudicavam não somente a nossa visão, mas também o deslocamento. Cada passo era dado sem saber qual o terreno em que estávamos pisando. É fácil usar este local como exemplo do

---

[43] Alguns *serial killers* levam pertences e objetos de suas vítimas para reviver o momento. Levar partes do cadáver normalmente é característica de serial killers desorganizados.

uso de vestimentas corretas para cada área. Uma boa bota e uma calça resistente podem fazer diferença entre sair ileso ou com diversas escoriações.

Somente quando chegamos no local indicado é que vimos que se tratava de um cadáver quase que totalmente enterrado. Parte do braço e da cabeça estavam visíveis, como se ele estivesse tentando sair da cova. Precisávamos desenterrar todo o resto sem nenhuma ferramenta para auxiliar além de nossas próprias mãos. Um trabalho penoso que poderia ter sido evitado se as informações repassadas fossem mais completas. Foram alguns minutos sob chuva até que pudéssemos desenterrar boa parte do corpo de forma que fosse possível retirá-lo dali e colocá-lo na bandeja de transporte. Algumas marcas de tiro eram visíveis, mas o estado de putrefação prejudicava uma análise mais completa. A noite avançava, começava a escurecer e precisávamos ainda levar o corpo pelo mesmo local de onde viemos. Embora não seja função do perito, sempre me proponho a ajudar a carregar o cadáver, ainda mais em situações em que os técnicos em perícia responsáveis não conseguiriam fazer sozinhos. Estávamos em três e se o trajeto da vinda já era difícil, carregando uma bandeja contendo um cadáver de quase 100 quilos tornou a volta bem mais complicada. A cada metro, precisávamos parar para descansar; a chuva não dava trégua e o avançar da escuridão da noite tornava a visualização do caminho cada vez mais difícil. Ao longe, víamos as luzes do *giroflex* se aproximando cada vez mais, o que nos dava um certo conforto. Com muito esforço conseguimos alcançar nosso destino, mas não sem honrar o "princípio das trocas de Locard": trouxemos muito barro do local em nossas botas e deixamos partes de nossas vestes nos galhos e espinhos das árvores do caminho.

TODO CONTATO DEIXA UMA MARCA

O histórico repassado informava o encontro de cadáver dentro de uma residência na zona norte da cidade. Ao chegarmos no endereço indicado, da porta já sentíamos que seria mais um caso de putrefato.

Era uma edificação que estava em fase de finalização, mas, mesmo assim, já tinha habitante. Alguns materiais de construção estavam nos pátios anterior e posterior do terreno.

A vítima encontrava-se na cama, coberta por lençol e edredom. Era possível visualizar diversas lesões contusas na cabeça. Além disso, os efeitos da putrefação já se faziam presentes: olhos e língua procidentes e o típico odor.

Percebi que a arma do crime seria um instrumento contundente. Sob a cama havia uma barra de metal com manchas de sangue. "Muito fácil" pensei comigo. Mas analisando melhor o cenário e o objeto percebi que aquela não era a arma do crime. O sangue proveniente das lesões do cadáver encharcou o colchão e o atravessou, gotejando sob a cama. As gotas caíam do lado da barra de metal, que deixavam nela um padrão de manchas típicas de sangue sobre sangue:

> *As manchas de perfil sangue sobre sangue são aquelas geradas através de determinado volume de sangue em voo livre que acaba atingindo uma superfície onde já havia uma outra mancha de sangue, impactando nesta mancha de maneira cumulativa. Esta sobreposição pode se dar através de um gotejamento intermitente ou através de uma queda momentânea de um volume maior de sangue. Em ambos casos é formado um perfil onde se observa uma mancha principal maior ao centro circundada por manchas satélites.[44]*

Analisando melhor a cena, percebi que havia pequenas manchas impactadas e de *cast off* na parede, próximas da guarda cama. Eram manchas pequenas e curtas.

> *As manchas de sangue impactadas são aquelas que foram formadas por gotas de sangue em voo livre e que foram dissociadas da fonte de sangue por conta de um impacto. À medida que um objeto atinge a fonte de sangue com certa energia, ele a dissocia total ou parcialmente em pequenas ou grandes gotas de sangue que seguirão predominantemente no sentido e direção do impacto.[45]*

---

[44] Canelas Neto, A. A. *Perfis de mancha de sangue: do local de crime à elaboração do laudo*. São Paulo: Lura Editorial, 2017.

[45] Canelas Neto, A. A. *Perfis de mancha de sangue: do local de crime à elaboração do laudo*. São Paulo: Lura Editorial, 2017.

Logo imaginei que a arma do crime seria um objeto curto e pesado, o que proporcionaria aqueles tipos de manchas de sangue na parede. Analisando melhor as lesões, percebi sujidades acinzentadas, com características compatíveis com concreto.

Quando se sabe o que procura, fica mais fácil de encontrar. Na sala localizei um pequeno bloco de concreto que havia não só manchas de sangue, mas também fios de cabelo de coloração semelhante aos da vítima. Afinal, todo contato deixa uma marca.

REDES SOCIAIS

Durante um período, acabei ficando afastado dos exames de locais de crime e assumi outra função dentro do Instituto Geral de Perícias. Por quatro anos trabalhei com análise criminal e georreferenciamento, mas não conseguia deixar de lado minha paixão pelo exame pericial de local de crime. Sempre que possível ainda acompanhava o exame de alguns colegas e lia os laudos. Continuei estudando o assunto até que tive a ideia de levar isso para as redes sociais. Entendia que seria uma forma de me obrigar a continuar me aperfeiçoando. Sempre que lia algo interessante, levava o assunto para as redes sociais.

De alguma forma, perícia criminal é do interesse de algumas pessoas, tanto que resolvi escrever um livro e já estou neste segundo. Mas também pude ter contato com uma realidade que eu não tinha: a do público das redes sociais. Uma pergunta que chega até mim com frequência é "Qual faculdade eu faço para ser perito criminal?". Virou até piada entre os peritos que frequentam este meio. A resposta é simples, mas também complicada, pois é uma incógnita, depende do edital. Porém, as pessoas querem a resposta que elas já criaram nas suas cabeças. Elas preferem uma resposta simples, mas errada, a uma resposta certa, porém complexa.

Certa vez, em um grupo de *Whatsapp*, alguém colocou um desenho de uma cena de crime e pediram que eu fizesse a análise diferencial entre suicídio, homicídio e acidente. Fui logo avisando: vocês não vão gostar da resposta. Expliquei que na cena faltavam muitas informações e citei Arthur Conan Doyle através de sua mais famosa criação, Sherlock Holmes:

É um erro grave formular teorias antes de conhecer os fatos. Sem querer, começamos a mudar os fatos para que se adaptem às teorias, em vez de formular teorias que se ajustem aos fatos.

Ainda seria preciso esperar os exames laboratoriais, necroscópicos, papiloscópicos etc. Logo, a resposta era "não sei", pois muitas hipóteses eram possíveis. A mancha na parede dava a entender que seria um *forward spatter*, mas o formato e volume se assemelhavam mais à mancha de sangue projetada.

Nos casos em que respingos são produzidos por impacto, aqueles projetados acompanhando a força ou energia são considerados como forward spatter.[46]

---

[46] Bevel, Tom; Gardner, Ross M.. *Bloodstain pattern analysis with an introduction to crime scene reconstruction.* 3. ed., 2008.

As manchas de sangue projetadas são aquelas em que o sangue é ejetado sob pressão no ambiente. O caso mais comum são as ditas manchas arteriais, também conhecidas como manchas esguichadas (spurt) em que a ejeção ocorre a partir de uma lesão no vaso sanguíneo sob pressão ocasionada pelas forças do movimento cardíaco de sístole e diástole. Todavia pode ocorrer também por outros meios como, por exemplo, através de veias, principalmente aquelas contidas nas partes inferiores do corpo e sob efeito da pressão hidrostática do sangue contido nos membros superiores. [47]

Havia uma cesta de lixo que eu não sabia o que tinha dentro. E o lixo pode revelar muito em uma cena de crime. Em outra ocasião, em um local onde havia ocorrido um homicídio, consegui encontrar a cueca do agressor dentro da cesta de lixo do banheiro, pois ele havia tomado banho para se livrar do sangue que era proveniente do assassinato. A janela estava fechada, mas não parecia estar trancada. Havia um papel com escritos na frente de onde a vítima estava. Qual seu conteúdo? Eram muitas perguntas sem respostas e eu não me sentia à vontade de chegar a uma conclusão sem ter todos os detalhes. Isso gerou indignação em algumas pessoas e creio que minha competência deve ter sido contestada. Queriam que eu dissesse que foi suicídio ou homicídio, até mesmo sem explicar por quê.

Como meu perfil nas redes sociais é aberto, além da clássica pergunta sobre a faculdade para ser perito, recebo questionamentos diversos. Na maior boa vontade, sempre tento responder a todas mensagens. Porém, nem sempre as pessoas respondem da mesma maneira. Resolvi transcrever

---

[47] Canelas Neto, A. A. *Perfis de mancha de sangue: do local de crime à elaboração do laudo.* São Paulo: Lura Editorial, 2017.

algumas conversas que tive, exatamente como ocorreram, sem alterar nenhuma palavra:

Seguidor: Poderia me tirar uma dúvida, vc q é perito?
Eu: Boa noite. Tudo bem com você? Posso tentar.
Seguidor: Estou bem obrigado
Seguidor: Tem uma pessoa me enganando ela é uma mulher, me manda foto dizendo ser ela só q acho q é um homem. Vou te enviar a foto vc me diz se é homem ou mulher.

Seguia a foto de uma pessoa não identificada. Cabe aqui uma pequena explicação entre identidade e identificação:

Identidade pode ser definida como conjunto de características que individualizam uma pessoa, tornando-a distinta das demais. É uma série de atributos que torna alguém igual apenas a si próprio. Por sua vez, identificação é o processo pelo qual se determina a identidade de uma pessoa, ou um conjunto de diligências com a finalidade de se estabelecer uma identidade.

Assim como ocorreu com o desenho da cena de crime que recebi no *Whatsapp*, não me sinto à vontade de chegar a uma conclusão sem avaliar o objeto real. Expliquei isso para o seguidor, mas ele não gostou da resposta.

Seguidor: Vc é perito criminal mesmo?
Eu: Sim
Seguidor: Sabe aquela menina a Medellín (sic) *será o que aconteceu com ela será que ainda está viva.*

Além de perito, é preciso também ser adivinho. Creio que no caso, ela se referia ao caso Madeleine.

Madeleine Beth McCann (Leicester, 12 de maio de 2003) é uma menina britânica que desapareceu em Portugal, onde estava com os seus pais, irmão e irmã de férias na vila da Luz, Lagos no Algarve.

O desaparecimento da criança chamada Madeleine McCann ocorreu na noite de quinta-feira, 3 de maio de 2007 quando foi dada como desaparecida do seu apartamento na Praia da Luz, Algarve, Portugal, onde tinha sido deixada sozinha com os seus dois irmãos. Madeleine, então com quase quatro anos de idade, que estava no seu quarto na companhia dos seus dois irmãos gêmeos de dois anos, foi inicialmente dada como tendo "saído" pelos seus próprios meios, segundo a polícia, enquanto que os pais estavam convencidos que tinha sido raptada.[1]

O seu desaparecimento tornou-se uma das notícias mais notórias, quer pela rapidez com que se iniciou a divulgação das notícias, quer pela longevidade e pela massiva cobertura pelos órgãos de informação. O jornal britânico The Daily Telegraph às 00h00 da madrugada do dia 4 de Maio já fazia manchete com o artigo "Three-year-old feared abducted in Portugal" (Teme-se que menina de 3 anos tenha sido raptada em Portugal).[48]

Seguidor: Olá, eu tava vendo um vídeo aqui que recebi no Whatsapp *de uma pessoa que "morreu" por estar com fones de ouvido com o carregador conectado no celular e na tomada. Me parece* fake, *mas não tenho certeza. Nesse caso, seria possível você fazer uma análise por vídeo?*

---

[48] Desaparecimento de Madeleine McCann. In: WIKIPÉDIA: a enciclopédia livre. [São Francisco, CA: Fundação Wikimedia], 2017. Disponível em: https://pt.wikipedia.org/wiki/Desaparecimento_de_Madeleine_McCann.

Existem perícias realizadas em vídeo, mas existem alguns requisitos a serem preenchidos. Um destes é, de preferência, enviar o vídeo original e também fazer quesitos relacionados. A partir disto, o perito, utilizando técnicas, pode fazer uma análise. Novamente voltamos à questão de fazer análise de material que não tenho acesso. E de graça.

Seguidor: Para mim ser uma perita criminal o que tenho que faz?

Eu: Olá. Para ser perito criminal é necessário ter curso superior e ser aprovado em concurso público. Leia este texto, deve lhe ajudar peritomorales.com/como-ser-perito (é um texto que preparei para essas ocasiões que explica, em duas páginas, exatamente a questão do edital e onde a pessoa pode atuar dentro da perícia)

Seguidor: Eu posso fazer enfermagem pra mim ser (sic) uma perita? É que eu vou começar a fazer a faculdade.

Eu: Você leu o texto?

Seguidor: Sim. É que eu só queria saber mesmo. É que eu quero ser uma perita. Mais (sic) vou fazer enfermagem primeiro pode?

Eu: Depende do edital. Em alguns concursos pode. Outros não. Varia.

Seguidor: Quais concursos pode então?

Eu: Não sei. Só quando sair o edital. Isso tá explicado no texto.

Seguidor: Assim. Para mim ser (sic) uma perita o que eu tenho que fazer primeiro para mim começar?

Eu: Olá. Para ser perito criminal é necessário ter curso superior e ser aprovado em concurso público. Leia este texto, deve lhe ajudar peritomorales.com/como-ser-perito (envio o texto novamente).

Imagino que a pessoa que não queira se dispor a ler duas páginas também não tenha muito interesse em estudar diversos livros e textos para passar em um concurso.

Seguidor (em um post): Qual faculdade eu faço pra ser perito?

Outro seguidor respondendo: Engenharia, biologia, medicina, farmácia, química, informática etc

Seguidor: mais (sic) tem que fazer eles todos ou escolhe só um.

Realmente, a criminalística é multidisciplinar, como ensina o mestre Gilberto Porto:

Não se constitui uma ciência, mas em disciplina transformada e elevada para um sistema aplicando dados fornecidos por diversas ciências, artes e outras disciplinas, utilizando os próprios métodos inerentes a essas ciências.

Ou seja, utiliza os conhecimentos de várias áreas. Seria muito interessante que o perito pudesse fazer todas essas graduações, mas convenhamos que é praticamente impossível. O que resta é adquirir apenas o conhecimento prático de algumas áreas.

Em outra ocasião, sem nenhuma interação anterior com este seguidor, recebi alguns prints de mensagens em inglês e uma foto de um homem e as seguintes mensagens:

Print: Thank you for your email. Please note this is fraudulent behavior. You should have nothing to do with these fraudsters as their aim is to obtain money and personal details from you. Please note we recommend that you report all fraudulent and scam activity to the police or relevant

*law enforcement agency in your country. If you are in the United Kingdom cyber-crimes can be reported here:
Seguidor: Eu entrei em contato com a empresa e me falaram isso pode está rastreamento ele pelo número de celular no ZAP ainda estou com ele não me fez nada mais é um colpe (sic) usando o documento da uma empresa. O email foi a empresa que mandou. Em minha resposta.
Eu: Boa tarde. Não entendi.
Seguidor: Boa tarde viu a mensagem anterior este homem. O telefone dele falso
Eu: Não sei do que se trata
Seguidor: É uma pessoa falsa usando o nome de uma empresa. Tá aí moço tudo escrito. Não possível que não endendeu
Eu: Nao entendi. O que eu tenho a ver com isso?
Seguidor: É um policial né. Tá bom eu mesmo vou resolver procura um policial que queira resolver obrigada e um boa tarde
Eu: Nao sou policial. Sou perito criminal. Registre o fato em uma delegacia
Seguidor: Para mim tudo igual isso é crime tem que resolver e passado pra frente vou resolver tem tudo telefone cara se for ele mais resolvo*

Por vezes, algumas pessoas tentam, através das redes sociais, entrar em contato comigo para investigar algum crime. Tento orientar a pessoa a registrar o fato em uma delegacia de polícia e explicar a diferença entre polícia civil e perícia criminal, muitas vezes sem sucesso.

Seguidor: Oi. Meu pai encontrou uns pontinhos pretos no leite em pó que estava lacrado. Estou sem acesso a um microscópio e estou improvisando para tirar umas fotos boas. Quer dar um palpite sobre o que se parece a coisa. (e enviou uma imagem de algo que parecia um caruncho).

Confesso que, até onde sei, em caso de suspeitas de envenenamento, o exame pericial deve ser feito na substância e não na imagem. Também há os casos de detetive:

Seguidor: Olá. Boa noite. Preciso de ajuda. Para descobrir quem está por trás de um instagram usado para me fazer perseguições.

Às vezes, do nada, de pessoas que nunca falei antes vêm questões mais profundas onde eu não temo de expor minha ignorância:

Seguidor: Você acha que pode ter existir algum Deus ou algum canto celestial que a gente vá quando morremos? Eu fico me questionando se existe algo além da morte.
Eu: Não sei

Também foram inúmeros os pedidos de auxílio em provas, questionários e entrevistas. Confesso que no início, aceitava com mais facilidade. Mas algumas pessoas abusavam:

Seguidor: Oi, responde esse questionário para mim.
(envia um link de uma prova com 20 questões dissertativas).
Eu: Em primeiro lugar, boa tarde.

Por questão de educação, sempre cumprimento antes, algo que muitas pessoas esquecem. Neste caso, expliquei que primeiramente ele deveria perguntar se eu poderia ajudá-lo e não enviar uma frase tão imperativa como se eu fosse seu subordinado. Confesso que tentei explicar da melhor maneira que não me sentia à vontade em responder uma prova dele, seria trapaça. A pessoa não se convenceu muito e ainda me ofendeu.

Em determinadas ocasiões, utilizei o recurso dos *stories* do *Instagram* para abrir uma caixa de perguntas. A fatídica pergunta sobre que faculdade a pessoa que quer ser perita deve fazer está sempre presente. Mas também optei por utilizar esse mesmo recurso do *Instagram* para fazer alguns desafios e testes. Um deles consiste em tentar adivinhar, pelo formato da lesão, o objeto que a causou. Sempre pego casos de lesão com assinatura, pois ajudam na identificação da arma.

A perícia pode ajudar nas investigações, principalmente se for possível determinar que houve um padrão lesional. Algumas alterações costumam ser tão características que são chamadas de lesão com assinatura.[49]

Lesão em assinatura é a lesão típica que guarda relação com a silhueta do instrumento vulnerante.[50]

Não lembro exatamente como começou, mas determinado objeto acabou virando piada interna, pois ele sempre era citado. A primeira pessoa que o citou, não sabia o nome exato, e chamou-o de "coisa de mexer na lareira". Presumi que se tratava de um atiçador de fogo e corrigi a resposta. Porém, várias outras pessoas continuaram citando esse

---

[49] Hércules, Hygino de Carvalho. *Medicina Legal: texto e atlas.* 2. ed. São Paulo: Ed. Atheneu, 2014.
[50] Franklin, Reginaldo. *Medicina Forense aplicada.* 1. ed. Rio de Janeiro: Rubio, 2018.

objeto, seja pelo seu nome correto ou qualquer outra forma para tentar se referir a ele. Em todos os testes de tentar descobrir qual o objeto através do formato da lesão, sempre algumas pessoas citam o famigerado atiçador de lareira. Até hoje ainda não consegui encontrar nenhuma imagem de lesão causada por ele.

Por outro lado, houve muitas outras boas oportunidades que apareceram através das redes sociais. Conheci muitas pessoas legais e educadas, assim como tive contato com outros colegas de profissão de outros estados. Também recebi diversos convites para participar de eventos e dar palestras sobre temas que gosto muito, o que, na maioria das vezes, aceitei com prazer, mesmo sem receber nada em troca.

Muito apoio que recebi para escrever sobre os casos que vivenciei na perícia veio através das redes sociais, sendo que a maioria absoluta são pessoas que não conheço pessoalmente. Eu não teria coragem de escrever nenhuma linha se não fosse o incentivo que recebi de milhares de pessoas através de minha página do *Instagram*. Tudo isso foi possível porque outras pessoas acreditaram que eu poderia fazer algo que eu achava que não seria capaz. E por tudo isso eu sou muito grato. Espero poder retribuir de alguma forma todo o crédito que recebi.

BIBLIOGRAFIA

Apesar de esta obra conter algumas passagens que podem ajudar na compreensão de algumas informações criminalísticas e médico-legais, recomendo fortemente, para maiores detalhes, as seguintes leituras:

Benfica, F.S.; Vaz, M. *Medicina Legal*. 4. ed. Porto Alegre: Livraria do Advogado Editora, 2019.

Bevel, Tom; Gardner, Ross M.. *Bloodstain pattern analysis with an introduction to crime scene reconstruction*. –3. ed., 2008.

Canelas Neto, A. A. *Perfis de mancha de sangue: do local de crime à elaboração do laudo*. São Paulo: Lura Editorial, 2017.

Costa, Luís Renato da Silveira. *A perícia médico-legal – aplicada à área criminal*. 2. ed. Campinas, SP: Millennium Editora, 2014.

Croce, Delton. Manual de medicina legal. 8. ed. São Paulo: Saraiva, 2012.

Cruz, Regina Alves da; Guedes, Maria do Carmo Santos. *Cocaína: aspectos toxicológico e analítico*. Revista Eletrônica FACP Ano II, n. 4, dezembro de 2013.

Cunico, Edimar. *Perícias em locais de morte violenta: Criminalística e Medicina Legal*. 1. ed. Curitiba, PR: Edição do autor, 2010.

Curso Preservação de local de crime – Módulo 1 – SENASP/ MJ.

Dorea, Luiz Eduardo Carvalho et al. *Criminalística*. 2. Ed. Campinas, SP. Millennium, 2003.

França, Genival Veloso de. *Medicina Legal*. 11. ed. Rio de Janeiro: Guanabara Koogan, 2017.

Franklin, Reginaldo. *Medicina Forense aplicada*. 1. ed. Rio de Janeiro: Rubio, 2018.

Fukumitsu, Karina Okajima; et al. *Posvenção: uma nova perspectiva para o suicídio*. Revista Brasileira de Psicologia, 02(02), Salvador, BA: 2015.

Garcia, Sara; Smith, Alexander; Baigent, Christiane; Connor, Melissa. *The Scavenging Patterns of Feral Cats on Human Remains in an Outdoor Setting*. J Forensic Sci. 2020 May;65(3):948-952. doi: 10.1111/1556-4029.14238. Epub 2019 Nov 8. PMID: 31703159.

Garrison, D. H. *Practical Shooting Scene Investigation: The Investigation and Reconstruction of Crime Scenes Involving Gunfire*. Boca Raton, FL: Universal Publishers/uPUBLISH.com, 2003.

Hércules, Hygino de Carvalho. *Medicina Legal: texto e atlas*. 2. ed. São Paulo: Ed Atheneu, 2014.

Karlsson T. *Homicidal and suicidal sharp force fatalities in Stockholm, Sweden*. Orientation of entrance wounds in stabs gives information in the classification. Forensic Sci Int 1998; 93: 21-32.

Kirk, Paul. Crime *Investigation: Physical Evidence and the Police Laboratory*, NCJ Number 12097, 1953.

Knight, Bernard. *Forensic Pathology*. 3. ed. Edward Arnold Publishers Ltd., 2004.

Lewisnki, W et al. *Fired Cartridge case ejection patterns from semi-automatic firearms*. ISJ, V. 2, n. 3, november 2010.

Lovisi, G. M. et al. *Análise epidemiológica do suicídio no Brasil entre 1980 e 2006*. ver. Bras. Psiquiatr. 2009; 31 (Supl II): S86-94.

Silva Netto, Amílcar da Serra e. *Manual de atendimento a locais de morte violenta: Investigação pericial e policial*. Campinas, SP: Millennium Editora, 2016.

Silvino Junior, João Bosco. *Balística aplicada aos locais de crime*. 2 ed. Campinas, SP: Millennium Editora, 2018.

Tochetto, Domingos (org.); Baldasso, Joseli Pérez (col.). Balística Forense: aspectos técnicos e jurídicos.9. ed. Campinas, SP: Millennium, 2018.

Vasconcellos & Paula. *Revista Criminalística e Medicina Legal*. n. 1, v. 2, 2017.

Zarzuela, José Lopes. *Temas fundamentais de criminalística*. Porto Alegre: Sagra DC Luzzatto, 1996.

Capa e projeto gráfico: Marco Cena
Produção editorial: Bruna Dali e Maitê Cena
Revisão: Cristiano Guterrres
Produção gráfica: André Luis Alt

Dados Internacionais de Catalogação na Publicação (CIP)

M828v Morales, Anderson
       Vestígios 2 : histórias de vida e de morte. / Anderson
  Morales. – Porto Alegre: BesouroBox, 2022.
      168 p. ; 14 x 21 cm

     ISBN: 978-65-88737-92-7

      1. Literatura brasileira. 2. Perícia criminal. 3. Perito
  criminal - memórias. I. Título.

CDU 821.134.3(81)-9

Bibliotecária responsável Kátia Rosi Possobon CRB10/1782

Copyright © Anderson Morales, 2022.

Todos os direitos desta edição reservados a
Edições BesouroBox Ltda.
Rua Brito Peixoto, 224 - CEP: 91030-400
Passo D'Areia - Porto Alegre - RS
Fone: (51) 3337.5620
www.besourobox.com.br

Impresso no Brasil
Setembro de 2022.